图书在版编目（CIP）数据

《良友》画报广告的透视与解析 ：1926-1937 / 孙梦诗著. — 北京 ：中国戏剧出版社， 2021.8
ISBN 978-7-104-05115-2

Ⅰ. ①良… Ⅱ. ①孙… Ⅲ. ①画报－平面广告－研究－中国－1926-1937 Ⅳ. ①F713.853

中国版本图书馆 CIP 数据核字（2021）第 161973 号

《良友》画报广告的透视与解析：1926-1937

责任编辑：张　霞
责任印制：冯志强

出版发行：中国戏剧出版社
出 版 人：樊国宾
社　　址：北京市西城区天宁寺前街 2 号国家音乐产业基地 L 座
邮　　编：100055
网　　址：www.theatrebook.cn
电　　话：010-63385980（总编室）
传　　真：010-63383910（发行部）

读者服务：010-63381560
邮购地址：北京市西城区天宁寺前街 2 号国家音乐产业基地 L 座

印　　刷：北京九州迅驰传媒文化有限公司
开　　本：787mm×1092mm　1/16
印　　张：11
字　　数：150 千
版　　次：2021 年 8 月　北京第 1 版第 1 次印刷
书　　号：ISBN 978-7-104-05115-2
定　　价：88.00 元

目录

Contents

第一章 绪论

第一节 研究背景与研究意义

一、《良友》画报的地位与特色

《良友》画报是新闻传播史研究界公认的富有历史研究价值的近代报刊之一。《良友》画报自1926年2月创刊到1945年停刊的20年间，共出版了172期普刊和2期特刊，刊发彩图400余幅、照片32000余张。作为一份画报，《良友》画报的内容极为丰富，包括政治、军事、国内外时事、新闻、经济建设、社会生活、艺术文化、电影戏剧、妇女儿童等多个方面，真正可以称得上是“百科式”大画报。当年就有评论说：“《良友》画报一册在手，学者专家不觉得浅薄，村夫妇孺不嫌其高深。”在其鼎盛时期，单期发行量曾达到了4万册。

20世纪二三十年代的上海，正是21世纪初学术界“民国上海研究热”的焦点所在，也是这座曾经被称作世界第五大城市的光辉岁月。《中国广告图史》中提到，这一时期“被称为‘十里洋场’的上海已成为各国商人经商的基地，也成为旧中国广告业繁荣的缩影”。《良友》画报作为当时上海期刊界的著名代表，因其与上海社会文化的紧密联系，成为了解民国上海社会的重要窗口。21世纪以前，关于《良友》画报的研究处于近乎空白的状态，主要是由于主流话语体系将其认定为小资情调的低俗媒介。实际上，这种看法是偏颇的，是受当时思想学术界僵化思维影响的结果。

按照《良友》画报著名主编马国亮的说法，《良友》画报是比美国的《生活》杂志早创刊10年的大型综合性画报。自创刊后，便受到了社会各界的欢迎，即使在世界各地的华人华侨也都竞相订阅。马国亮所著《良友忆旧》中如此描述："当久居异国的侨胞们第一次看到一本介绍祖国情况的画报时，心情激动，竞相传阅。结果是在一两年间，凡有华侨旅居之处，无不有《良友》画报。以致后来能在画报上印上一张世界地图，密密麻麻地印上良友的销地，并在地图上写着，'良友遍天下'。"①同书还提到，同年代的《申报》主笔黄天鹏认为，《良友》画报"为画报开一新纪元"。著名新闻人萨空了说它"开始了中国画报的新趋向"，并认为《良友》画报是当时中国印刷"最精美之画报"②。曾任良友公司丛书主编的赵家璧先生在一篇关于《良友》画报的回忆性文章中提及："阿英在谈到中国画报发展史时，虽从'西法石印'的《点石斋画报》说起，认为它是'中国自己的画报'，但他也说，那是石印画报；用铜锌版印的现代画报，阿英虽然也认为最早首推《世界画报》，而他在文章一开始就说：'在现存的画报之中，刊行时期最长，而又最富有历史价值的，无过于《良友》画报。'"③

中国新闻史学界泰斗、中国人民大学教授方汉奇先生对《良友》画报

① 马国亮：《良友忆旧》，生活·读书·新知三联书店2002年版，第3页。

② 萨空了：《五十年来中国画报之三个时期》，载祝均宙《萨空了文集》，上海科学技术文献出版社2002年版。

③ 赵家璧：《〈良友画报〉二十年的坎坷历程》，《新闻与传播研究》1987年第1期。

有很高的评价。2007年6月15日，由中国新闻史学会和中国人民大学新闻与社会发展研究中心联合举办的“良友论坛”以及《良友》画报珍贵图片实物展，在中国人民大学文化大厦举行。论坛上，方汉奇先生指出，对一家媒体进行深入研讨，有利于中国新闻史研究的深入开展，对业界实际工作也大有裨益。《良友》画报是中国新闻史上办得最成功的、影响最大的、声誉最隆的一家画报。它的代售处遍及全世界，堪称中国现代新闻出版史上出版时间最长、发行范围最广、发行数量最大、报道信息最及时、内容最丰富的一家大型综合性新闻画报。对这样一家画报进行研究，意义非常重大。中国现代史学会副会长、南京大学教授张宪文也曾评价：“它的重印出版，不仅可以让更多的人回顾《良友》画报存在的历史时代，继承和发扬那个时代人们不断奋进、力图改变中国落后面貌的可贵精神，同时，亦为历史学的研究、各种社会问题的研究，提供丰富形象的一手资料。”

《良友》画报的突出特色之一，是其对广告的经营管理方式——画报的编辑拥有对广告的选择权，这使得《良友》画报的广告成了画报生态的一部分，必须能够符合刊物自身的气质和价值才能刊出。因此，《良友》画报的广告数量不是很多，且大多是展现现代生活品位的广告。

《良友》画报广告有较高的研究价值。虽然民国时期各家报刊上广告的形式内容相近，对民国任一报刊广告的研究，往往都具有一定的对整个民国报刊广告研究的普适性。然而从历史的角度来看，许多因素仍然使《良友》画报成为极具特点的研究对象，具体包括：①《良友》画报采用大开本画报的形式，精良的版式和印刷品质使其成为近代中国史上最成功的大型综合性画报，其广告的印刷和设计水平在当时亦十分先进；②有较强的地域文化特征：上海所具有的中西交汇的特质在《良友》画报上体现得最为明显，产生了可观的文化效用，使其成为立足上海、闻名全球的文化符号；③广告的覆盖面广：《良友》画报的发行时间正是民国上海最繁荣的时期，也是广告业最鼎盛的时期，174 期画报（包括两期特刊）载广告近 3000 幅，遍及当时上海市场各大品牌；④先进的办刊理念:《良友》画报强调雅俗共赏，以传播文化、启蒙教育为办刊主旨，对于广告则要求颇为严格，低俗和虚假广告一概被拒绝；⑤先进的经营管理方式：良友公司采取股份制经营，并出版发行了大量丛书和期刊，在创造品牌的同时，不断延伸品牌，形成了自己的文化生产产业链。

“一个画报的地位，一方面是通俗而能潜入民众，一方面是能达到社会文化的各种层面。”[①]《良友》画报以艺术与娱乐为大众主题，摩登都市生活和街头文化为双重意义建构，政治与文化、官方与民间的全面整合为传播技巧，创造图文并茂和雅俗共赏的传播效力，为上海都市文化的整体营建发挥了立体的多重社会功能，成为当时都市文化品牌的符号，得到了普遍的社会认同。[②] 当《良友》画报本身成为社会表征的内容，它就代表了一种独特的精神，超脱了小市民的猎奇文化，也摆脱了政治的沉重，确立了自己不可替代的地位。

二、《良友》画报所处的时代：为现代性做广告

《良友》画报由曾在上海商务印书馆工作的伍联德先生创办，他也是良友图书印刷公司的创办人。发行伊始，新的排版方式、优良的印刷品质使《良友》画报从旧式画报中脱颖而出，销量从一开始就不错，第 1 期就卖出了 7000 册。《良友》画报保持按期发行的时间是 1926—1937 年，这十多年

---

① 吴福辉:《漫谈老画报》,《小说家》1999 年第 2 期。

② 吴果中:《〈良友〉画报与上海都市文化》，湖南师范大学出版社 2007 年版，第 363 页。

正是近代上海社会、经济空前繁荣的巅峰时期，也是近代中国民族资本主义发展的“黄金时期”的后半程。辛亥革命成功后，中国的民族资产阶级开始发展。1914 年第一次世界大战的爆发，使中国暂时免于帝国主义列强的压迫，获得了相对平静的发展空间。由于商业的繁荣，中国人利用媒介做商业宣传的意识逐渐建立起来。

李欧梵认为，“到三十年代早期，《良友》画报上已经营建了关于都会现代性的一套‘想象’”“有必要讲述《良友》画报的故事也正是在于它有意识地为现代性做广告，借此帮助了上海都市文化的建构”①。

当然，李欧梵所指的主要是《良友》画报刊发的图片，商业广告则是与图片相配套的现代性产品列表。然而从《良友》画报整体来看，画报本身就有广告性质，刊物中到处都有对现代生活和女性意识的精心构建。也是在这个时代，消费产品开始附加了更多的文化意味，香烟、旗袍、高跟鞋都是画报中经常出现的物件，对这些物件的强调，也许是《良友》画报在适应日益发展的都市的需求，或者是《良友》画报在创造都市的需求。辛亥革命后的十年，中国人开始注重个人仪表，以在视觉上表明自己的社会地位。由此中国出现了一系列新的工业，它们致力于生产新的商品并服务于这些新的需要，新的卫生观念也伴随这些特殊商品进入中国。与此同时，牙刷和牙膏、香水和肥皂以及新化妆品被生产出来以满足新的需求。这些个人用品的销售者也是《良友》画报的主要广告客户，甚至可以说与《良友》画报志趣相投，他们介绍了一种新的现代生活方式。由于《良友》画报早期的广告收入并不算丰厚，刊物成本又相对较高，所以《良友》画报也对自身的推销下足了功夫。比如邀请明星拍摄封面，就是促使读者对

---

① ［美］李欧梵：《上海摩登——一种新都市文化在中国 1930—1935》，毛尖译，北京大学出版社 2002 年版，第 88—89 页。

此画报产生兴趣的第一个手段，而明星们的现代性外表，也塑造了这个画报的气质。《良友》画报自然地成为现代女性形象的代言人。现代性的特点是都市化、国际化、时尚化、市民化，当这几点同时在民国上海生成时，对于现代性的体验就成了上海市民生活的常态。这种体验集中表现在城市不断兴起的时尚和潮流上，时尚和现代性的广告有着天然的联系。在民国上海，女性是时尚青睐的对象，时尚装扮着女性，女性演绎着时尚。女性大量出现在广告中，是民国才开始的事，也是民国广告的特点之一，这使得美女画报成了现代人对上海的永久记忆。

广告是现代城市文化最具代表性的外在表象和符号系统。随着现代物质空间的建立，广告在上海蓬勃发展起来。此时的广告形式虽然有商场的橱窗、街上的灯箱和娱乐场所的大幅招贴画，但报刊媒体的平面广告依然是主打。由于报刊的大量发行，商家在报刊上的广告投放量也最大。当时的知名报刊《申报》《新闻报》每日都刊登大量广告，广告正在向产业发展，媒体也开始依赖广告收入。《良友》画报正是在这样的氛围中选择了现代性商品广告。那时的广告创意虽然还不能和现在的广告意识相比，但现代广告理论中的广告学策略已有所表现。《良友》画报最先使用彩印技术，刊载的广告印刷精美、华贵，尤其适合现代商品广告。反复出现在广告中的美女、绅士配以各种现代用品，置身于现代生活场景中，广告的镜像功能建构了对于现代性的想象，这很好地彰显了《良友》画报的时尚诉求。《良友》画报刊登的现代性广告创造出的文化心理空间，契合了当时上海社会的生活潮流，这些具有现代意义的广告，在促进消费为画报创造利润的同时，也在改变着人们的生活方式。李彬在论及民国时期的报刊业时认为："从新闻方面，我们可以把这个时期概括为'三国演义'。一是革命报业，二是国民党报业，三是民间报业——民间报业又包括文人报刊和商业报刊两大类型。”[1]但是与传统以政治和商界人士为对象的报纸不同的是，画报更关注文艺事业的普及推广。《良友》画报作为一个由文人出资、文人主政的现代画报，强调以“商业的方式而努力于民众的教育文化事业”[2]。《良友》画报第25期，刊登了良友公司经理伍联德的文章《为良友发言》。文章从四个方面阐述了良友办刊两年的心得，分别是:《良友》画报的使命、《良友》画报的贡献、《良友》画报的过去、《良友》画报的希望。第一部分，伍联德提出《良友》画报的使命是“普及教育，发扬文化”，并且提到《良友》画报的编辑出版工作联合了“多数没有党派的同志”。第二部分，关于《良友》画报的贡献，强调其普及教育、广开民智。第三部分，总结了《良友》画报的优缺点，优点是印刷美观、材料精良，缺点方面，特别提到了由于我国工商业“不争气”，致使广告收入难以支撑杂志降低售价。第四部分，提出《良友》画报的发展前景，提到了扩大出版方向，推出更多的出版物和书籍。这篇文章作为一本刊物的自述是十分客观的，可以说,《良友》画报一直有较高的办刊追求，这在刊物内容上是显而易见的。而对现代性的追求也正符合其广开民智、普及教育的办刊宗旨。

三、近代上海的“景观社会”与生产表征的广告

“景观社会”（the society of spectacle）是法国学者居伊·德波（Guy Debord）提出的。他指出，“在现代生产条件蔓延的社会中，其整个的生活都表现为一种巨大的景观积聚。曾经直接地存在着的所有一切，现在都变

---

① 李彬:《中国新闻社会史（1815—2005）》，上海交通大学出版社2007年版。

② 赵家璧:《〈良友画报〉二十年的坎坷历程》,《新闻与传播研究》1987年第1期。

成了纯粹的表征”[①]。上海是典型的近代崛起的城市，张仲礼认为，城市的发展导致了人际空间距离的缩小和人际心理距离的拉大，这也直接导致了上海大众文化的迅速发展。[②]上海城市人口密集，异质度高的人们更加需求能增加人与人之间共同点的大众文化。出于经济积累加速，都市文化需求猛增等原因，上海的文化产业迅速发展起来。20世纪初，上海已经成为中国的文化中心之一，具体表现为：上海是中国西学传播中心、书籍出版中心、报刊中心、文学艺术中心和教育中心。

上海现代性的发展，是以开埠后的西方文化输入为标志的。五口通商以后，上海开始有报纸，并于短时间内迅速发展，品种和发行量均雄踞全国之首。由于租界存在，西方的市民意识也进入了上海，大量外国建筑构成了上海滩的西洋景。商品化的浪潮同时渗透到了教育和文化等非经济领域，现代性的社会表征逐步确立。大批新消费产品更是改变了上海的社会环境。

上海开埠以后，外国商人首先利用上海优越的自然地理条件和不平等条约规定的特权，经营对外通商贸易，使外贸成为上海经济发展的主导。此后，辛亥革命的成功激发了民族资产阶级创办实业、发展经济的热情。上海新兴的资本家阶级更是活跃异常，经济团体纷纷成立，并积极开展活动，比如中华民国工业建设会、中华实业团、同仁民生实业会等。第一次世界大战的爆发，给上海的民族资本主义工业企业的发展提供了取得更加广阔的国内和国际市场的可能性。以1905年的反美抵货运动为开端、并从第一次世界大战期间发展起来的经历了整个20世纪20—30年代的连绵不

---

① ［法］居伊·德波：《景观社会》，王昭凤译，南京大学出版社2006年版，第12页。

② 张仲礼：《近代上海城市研究（1840—1949年）》，上海文艺出版社2008年版，第856页。

断的国货运动，曾有力地推动着上海民族资本主义经济的发展，从而形成了上海民族资本主义经济（大致从辛亥革命后开始）前后20年左右持续不断的发展，即人们通常所称的中国民族资本主义发展的“黄金时期”。

在此时期，出现了多种上海指南类书籍，叶凯蒂（2012）认为该类书籍树立起了一个“上海主题公园”的形象。1876年，葛元煦编写的《沪游杂记》以租界为主要介绍对象，并将租界称为“洋场”。“洋场”这一称呼来自早期上海市民对租界的称呼——“夷场”。他毫不掩饰对租界的赞美，在他的笔下，上海遍地繁华，以至于把租界比喻为“奇幻的海市蜃楼”。商务印书馆于1909年出版了《上海指南》，但是有意回避了娱乐产业，结果在1912年第二版时又给娱乐专门开辟了一章。上海指南类书籍构建了两种想象中的上海形象，一种描绘了上海现在和未来的工商业实力，另一种呈现了一个商业、娱乐和文化中心。“两者在一定程度上都围绕着商业这个核心，把‘娱乐’的上海和作为‘模范租界’的上海融成了一个均质的整体。”[①] 那时的广告也是以商业为中心，表征着一个“娱乐文化中心的上海”。

“表征”这一概念，可以追溯到涂尔干。涂尔干对集体主义表征给出了清晰的表述，他认为个体表征属于心理学范畴，集体表征属于社会学范围。涂尔干的集体表征，还只是一种理解集体的静态形式。美国学者弗里德里克·詹姆森认为，“无意识的价值体系或表征系统，这个体系使社会生活的任何一个层面都井然有序，而且个体有意识的行为和实践都据此而产生并且可以理解”。也就是说，个体的行为意图并不是其理解的来源，而是产物。这也是一种对于结构主义的理解。

① ［美］叶凯蒂:《上海·爱——名妓、知识分子和娱乐文化1850—1910》，生活·读书·新知三联书店2012年版，第347页。

英国文化研究学者斯图尔特·霍尔（1997）曾给出一个“文化的循环”图式（见图1–1）。

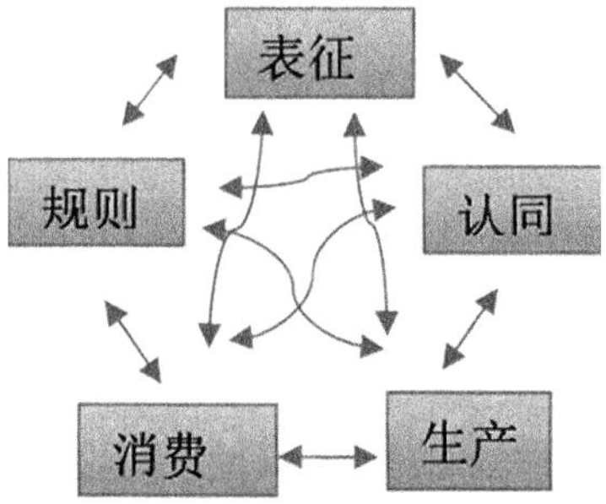

图1–1 文化的循环

这个“文化的循环”表明，文化的参与者赋予人、客观物及事件以意义。“意义产生于几个不同的场所，并通过几个不同的过程和实践（文化的循环）被传播。”意义用文化“物”来表现自己的意思，利用、消费或占有文化“物”时产生。事物本身并没有单一固定的意义，我们给予事物意义是凭借我们对它们的表征。霍尔认为，“各种事物、概念和符号间的关系式语言中意义生产的实质之所在。而将这三个要素联结起来的过程就是我们称为‘表征’的东西”①。

广告无疑是表征研究进程中值得关注的元素，在近代中国，广告的兴起强烈地冲击了原有的社会文化场域，人们逐渐开始通过广告来传递新的意义，产生了新的社会表征。广告将产品构建成为社会表征，并最终形成消费文化，自身也成了社会表征系统中常驻的工具。借助于表征，我们克服了非相似性并将它融入了我们的精神与物质世界中，我们的世界也因此变得丰富多彩。

① ［英］斯图尔特·霍尔：《表征：文化表征与意指实践》，徐亮、陆兴华译，商务印书馆2013年版，第25页。

四、近代上海报刊形成的“公共领域”

哈贝马斯的“公共领域”概念，往往被学界用以揭示大众媒介对社会公共舆论场域的影响。海德堡大学的瓦格纳（Rudolph Wagner）曾带领团队专研晚清上海报业，聚焦《申报》及其旗下杂志《点石斋画报》，“企图论证早期上海报业带领中国‘加入全球公共体’”[①]。瓦格纳认为，上海报刊在晚清华洋杂处的情况下，合力创造了一个超越国界的“公共领域”。李金铨（2019）则认为，哈贝马斯所谓“公共领域”，指向国家与社会之间，人们寻求理性、批判的对话沟通，免于政治与市场的影响。瓦格纳对于“公共领域”的界定也许过于松散，有意无意间将种种界限抹平。而通过具体史实研究，以中国视角联系政治、经济、文化脉络，“多视角、多维度地探索，才能慢慢还原历史场景，逼近历史‘真相’”[②]。

第二节 研究相关文献

本书参考的相关文献主要有以下几个门类：①关于《良友》画报的研究；②关于民国报刊广告的研究；③关于上海近代史的研究；④关于相关社科理论的研究；⑤《良友》画报原刊影印版以及其他民国相关报刊原版资料。本节将分类进行综述，另外，本书所涉及的部分理论也在本节最后

---

① 李金铨:《传播纵横：历史脉络与全球视野》，社会科学文献出版社 2019 年版，第 262 页。

② 同上书，第 276 页。

进行简述。

一、关于《良友》画报的研究文献

21世纪以来，国内学界对于《良友》画报的研究热度有着比较明显的变化。2000年以前，对《良友》画报的专门研究较少。关于《良友》画报的已有研究，多集中于3种研究视野上：①关于《良友》画报的现代性研究；②关于《良友》画报的女性主义研究；③《良友》画报与上海的都市文化研究。而把研究对象具体到"《良友》画报刊登的广告"这个范畴，还未有专门的理论性专著出版。但21世纪以后，以《良友》画报为主要对象的研究开始升温，至今已经有一定的积累。

在专著方面，李欧梵在《上海摩登——一种新都市文化在中国》一书中，从《良友》画报的图片与广告入手，建构了"老上海"的摩登文化。此书在国内学界产生了较大的影响，被认为是21世纪"老上海研究热"的肇始之作。而曾任《良友》画报主编的马国亮所写的《良友忆旧——一家画报与一个时代》，是一本关于《良友》画报的回忆录，作者以直接当事人的身份对《良友》画报时代的人和事进行了回摹。可以说，这两本书奠定了如今对《良友》画报研究的基调，前者提出了以现代性、女性主义、社会文化视角研究的可能性，后者则呈现了关于《良友》画报第一手的描述和评价。另外，吴果中所著的《〈良友〉画报与上海都市文化》一书，以文化研究的方法对《良友》画报进行了较深入全面的分析。作者把"民国时期《良友》画报的出现和演变，当作一种社会文化的历史现象来看待"①。全书完成度高，基本分析了《良友》画报与都市文化的方方面面，其中一部

① 吴果中：《〈良友〉画报与上海都市文化》，湖南师范大学出版社2007年版，第1页。

分涉及《良友》画报广告的研究，提出了广告对于上海的现代性空间的想象与建构。

论文方面，对《良友》画报进行专门研究的论文有数篇，这些论文从不同角度切入研究《良友》画报。华中科技大学刘永昶的博士学位论文《作为时代图像志的〈良友画报〉——一个现代性视域中的媒介研究》将《良友》画报视为中国现代性进程的产物，并将其视为现代性文本，考察了对于现代性的反映和追求。厦门大学罗妍的硕士学位论文《〈良友〉画报广告研究》，对研究对象进行了较全面的一般性研究。其选定研究对象与本论文基本相同，均为1937年前的《良友》画报广告，并统计出供研究广告2508则。王跃年的《从〈真相〉到〈良友〉——1912—1937年中国摄影画报简论》将所指年代中有代表性的摄影画报分为两类，一类是以《真相》为代表的新闻时事型，另一类是以《良友》画报为代表的综合型。这也与其他研究所认为的《良友》画报开创了大型综合性画报先河的观点相符。季天琴《裂变的文化：近代上海市民的消费图景——以1926—1937年〈良友〉广告为例》，从现代性的角度研究了《良友》画报所刊载的广告，强调了身份认同、文化裂变等社会变迁问题。

研究《良友》画报的论文还有马媛媛的《〈良友〉画报内容的时代特色》、黎宁的《〈良友〉画报中的女性形象》、金秀妍的《可贵的"现代"尝试——〈良友画报〉研究试论》、乔云霞的《〈良友〉画报的品牌策略》等。

二、关于民国广告史的文献

厦门大学出版社近年来陆续出版的"中国广告发展史研究"丛书，包括了对中国近代著名的《申报》《大公报》《东方杂志》《北洋画报》等刊物广告的研究专著，该丛书强调将广告视为一种产业来研究，其中杜艳艳的

《中国近代广告史研究》将广告观作为研究的主要视角。韩红星的《一报一天堂——〈北洋画报〉广告研究》，选取了创刊于天津的《北洋画报》为研究对象，较全面地研究了《北洋画报》广告与天津社会各方面的关系，它是一部关于画报广告的研究专著。《北洋画报》与《良友》画报一南一北，各有其自身经营的独到之处。

在近代广告史相关研究中，《申报》和《大公报》是学界研究积累较多的刊物，王儒年《欲望的想象——1920—1930年代〈申报〉广告的文化研究》从文化研究的角度对《申报》广告进行了解读，该书也将研究时期集中在上海的20世纪20—30年代。孙会的《〈大公报〉广告与近代社会（1902—1936）》是近年来较为系统深入的广告研究著作。其对广告与近代社会变迁的关联性研究对本题研究的开展有较大的启发。该书还强调了史料挖掘和数据分析的重要性，进行了更为深入的史学研究，而不是简单的广告发展史梳理，这是与大多数广告史著作的不同之处。另外，关于广告史的通论研究，祝帅的两部专著有重大影响力，分别是《中国广告学术史论》（北京大学出版社，2013）和《作为学科的广告史》（北京大学出版社，2020）。

三、关于近代上海历史的文献

本书涉及对近代上海地方社会文化史、经济史的研究。张仲礼主编的《近代上海城市研究（1840—1949年）》，以精练的文笔写出了近代上海的社会，史论结合，对于本研究厘清《良友》画报发行时的上海城市文化、经济状况起到了重要作用。

剑桥中国史系列中的《剑桥中国民国史1912—1949年》一书，为本书的研究提供了宏观的历史视野，特别是在政治和经济方面。然而，该书并没有专门针对新闻传播史的部分，不免令人遗憾。熊月之主编的《上海通史》，是长达 15 卷、600 万字的庞然巨著，从事近代上海研究的学者，可首先在此寻找相关史料。

叶文心作为哈佛大学亚洲研究中心主任，写出了多本关于民国上海的著作，其中《上海繁华——都会经济伦理与近代中国》，以文化史的角度分析了民国上海，特别是对《良友》画报的历史地位有一些独到的观点。

罗苏文的《近代上海——都市社会与生活》一书，从社会史的角度研究了近代上海市民的都市生活。法国学者安克强和白吉尔各有一部关于近代上海的著作，分别是《上海妓女——19—20 世纪中国的卖淫与性》《1927—1937 年的上海——市政权、地方性和现代化》。美国学者叶凯蒂的《上海·爱——名妓、知识分子和娱乐文化 1850—1910》提出，“上海妓女最重要的影响在于，她们让新的、甚至破坏成规的事物在都市环境中变得令人神往，甚至成为中国繁荣、现代的标志”。她关注社会变迁中观念转变的具体过程，认为“上海形成了一个独特的、强大的身份认同。从政治上说，它成了中国土地上最开放、最具包容力的城市；上海的市民文化正是在这种大融合与霸权结构缺失的环境下发育起来的”①。

四、近代上海的画报及其他重要刊物

阿英将近代上海画报的历史分为四个时期：自 1875 年开始的镂版期，标志是上海最早的画报《小孩月报》问世；1884 年《点石斋画报》开始了石印期，亦开创了中国人绘制画报的历史；接下来是铜锌版时期，有《真

① ［美］叶凯蒂：《上海·爱——名妓、知识分子和娱乐文化 1850—1910》，生活·读书·新知三联书店 2012 年版，第 347 页。

相画报》等；最后则是影写版时期，良友公司率先采用了这种先进的印刷技术，使画报颜色更加细腻丰富，开创了上海画报的又一个新时期。

据马国亮回忆，《良友》画报创办后，一纸风行，因此导致其后在上海相同类型的画报相继出现，如《文华画报》《中华画报》《时代画报》《大众画报》等。虽然这些画报各有所长，《良友》画报在上海却一直保持着画报销量领先的地位。因为《良友》画报开一时风气之先，并且积累了较好的名声，在画报中可谓最具代表性。马国亮也认为，他的上一任主编梁得所离开良友公司后另行创办的《大众画报》究其自身水平，完全可以与《良友》画报一争高下，然而由于没有良好的经济调度，短期内无法自给自足，以至于创办一年后无疾而终。可见，在上海滩上，报刊业的竞争还是十分激烈的，独画报一种类型，便有十数个竞争者。虽然上海人口众多，毕竟读者不会大量购买同一类型的刊物，没能尽快确立自身定位的刊物，往往不到一两年便难以维持。

近代上海画报，以印刷技术论，有镂版、石印版、铜锌版，最后进步为影写版；以内容论，可以分为综合性和专一性两大类；出版周期更是各有不同，甚至有一些附属性质的画报为不定期出版。

1845 年 4 月，《小孩月报》由美国长老会在上海所设的清心书院编辑出版，由范约翰主编、美华书馆印刷。1876 年起由清心书院自行印刷，1915 年改名《开风报》，再出版 5 期后停刊，共历时 40 年。作为上海首份画报，《小孩画报》的文字占篇幅较多，内容主要包括科学常识、基督教义和童话故事等，所介绍的内容于西方人看十分浅显，然而对于当时的中国人来说却是十分新奇的，具有启蒙意义，影响超出了少年儿童的范围。1877 年 9 月，《申报》馆也编印了自己的画报，名为《瀛寰画报》，不定期出刊。由英国画师进行绘制，用连史纸石印。但不知何因，《瀛寰画报》于 1880 年前后停刊。

在19世纪末上海的画报中，在知名度上只有《点石斋画报》能与后来的《良友》画报匹敌。《点石斋画报》于1884年6月创刊，为旬刊，由点石斋书局印刷，每期有图8页，吴友如为主要执笔人。“吴友如系苏州人，幼习丹青，擅长工笔画。参加《点石斋画报》绘稿的，还有金蟾香、张志瀛、田子琳、符艮心、周慕桥、何明甫、葛龙芝、金耐青、戴子谦、马子明、顾月洲、贾醒卿、吴子美、李焕垚、沈梅坡、王钊、管劬安、金庸伯等。”①《点石斋画报》总共出版473期，主要内容是社会新闻、奇事怪物，尤以市井琐闻为多。其内容满足了平常人的猎奇心理，受到了大众欢迎，也进一步确立了画报这种传播形式在通俗大众文化中的重要地位。作为上海创办最早的中国人编绘的画报，《点石斋画报》自然受到了研究者们的关注。有《点石斋画报选》一书，由著名学者陈平原选编，引导读者回味历史。

相关论文为数众多，不再列举。

当然，画报只是上海众多刊物类型中的一个种类，若在民国时期上海所有报刊这个范围讨论，影响力最大的无疑是《申报》。《申报》于1872年创刊，由英国人美查创办，1912年史量才购得该报。1926年其最高单期销量达到14万份。本书选取部分与《良友》画报发行时间相同的《申报》影印版，进行了对比研究，还参考了《民国日报》。

五、相关理论综述

本书利用了近代史研究、文化研究以及其他学科中的一些主流范式进

① 张仲礼:《近代上海城市研究（1840—1949年）》，上海文艺出版社2008年版，第858—859页。

行理论研究。

表征（Representation）在后文另有详论，这里仅总结其研究状况和主要概念。霍尔书中有如下关于表征的介绍。

> 简言之，表征是通过语言产生意义。《牛津英语简明词典》给出此词的两个相关意义：
>
> 表征某物即描绘或摹状它，通过描绘或想象而在头脑中想起它；在我们头脑和感官中将此物的一个相似物品摆在我们面前；例如，下述句子中的情形："此画表征了该隐对亚伯的谋害。"
>
> 表征还意味着象征，代表，做（什么的）标本，或替代；如在下述句子中的情形："在基督教里，十字架表征了嫉妒的受难和受刑。"①

彼得·汉密尔顿《表征社会：战后平民主义摄影中的法国和法国性》，该研究选择了法国1945年后一段时期的平民摄影作为研究对象，为由微观的表征研究如何过渡到一个宏观的社会研究提供了经典案例，本书在理论研究的环节将会对其进行更详细的介绍。

在表征理论的应用中可以很自然地接入其他研究广告的理论，因为表征就在事物、符号和意义之间产生作用。苏特·杰哈利在《广告符码》中提出："认识到人类使用的物品都有其根本符号方面的意义，这是论述有关物品问题的一个最起码的基点。"该书还认为，消费社会是人类社会第三个发展阶段，此时"广告在意识形态上的真正作用，并不是创造需求来影响市场占有率，更不是消解意识形态——它的作用在于给我们提供意义"。而广告是以符号来生产意义的，因此，本研究也将符号学理论用作论证广告

---

① ［英］斯图尔特·霍尔：《表征：文化表征与意指实践》，徐亮、陆兴华译，商务印书馆2013年版，第20页。

作用的理论之一。

乔纳森·比格内尔在《传媒符号学》一书中专辟章节介绍了广告中的符号学研究，强调了广告分析的第一步即是诠释其中的各种符号，这也是在诠释广告中的表征过程。

第三节 研究意义

本书的研究意义体现在以下几个方面。

1. 研究对象与研究角度的选择

在对《良友》画报广告全面分析的基础上强调社会不同方面在《良友》画报广告中的体现。民国上海社会的政治、经济、文化体系等均有其时代特色。本书在充分利用前人研究成果的基础上，将研究的重心集中在民国上海社会不同方面在《良友》画报广告上的折射，并结合了相关的民国上海史料进行研究。

本书同时关注历史事件与广告的关系，如上海股权交易所的建立、四大银行的作用、对现银流通的禁止等重要社会事件对广告是否产生了影响。其联系的构建以更详细的例子说明。如在 1934 年，上海《申报》的广告数大幅下降，天津的《大公报》和《北洋画报》在同年出现了银行储蓄类广告的大幅度缩水，然而总体广告数却未曾下降，并且在次年恢复常态。这与 1933 年南京政府禁止现银流通导致的通货膨胀是否有关？不论是何原因，为何天津两刊只有银行储蓄类广告受影响？《良友》画报上的广告又有何变化？本书对这些问题进行了分析研究。

2. 对已有研究成果的利用与反思

近几年出现的近代广告史研究成果数量不少，使得本书得以建立在充分的研究基础之上。然而有些研究成果仍然需要进一步的思考和验证，本书在这些研究的基础上对广告进行了更为深入的分类和分析。

3. 理论的使用

在理论分析部分，本书选择使用几种不同形式的理论进行缝制百衲被式（quilt maker）的定性研究。除使用表征理论来分析广告本身和其社会影响以外，还使用广告符号学理论分析具体广告的符号学意义，使用场域理论分析消费文化场域的形成。

第四节　研究方法与研究框架

一、研究方法

本书从研究良友公司的广告经营入手，重点关注《良友》画报的广告经营和广告史研究，进而研究良友广告产生的影响，以及良友广告中折射出的社会历史现象。

本书将梳理《良友》画报于1926—1937年间所刊广告，进行历史文献研究和历史计量研究，并以社会学、经济学等理论视角对其与上海社会的联系进行研究。

1. 历史文献研究

集中分析《良友》画报广告原始材料，同时也对《良友》画报的其他内容做详细的文本分析，以甄别其他内容中与广告有关的成分。另外，对于同时代的其他报刊广告，也将进行一定的对比研究，主要是《申报》《民国日报》《点石斋画报》等刊物。此外，民国上海的各种史料也是本书收集整理的对象。

本书试图将《良友》画报的广告代入理论与历史的双重维度，以历史研究为基础，注重史论结合。历史研究方面主要强调对史料的深层挖掘，在理论的帮助下，由现象入手，挖掘出更深层的实质。

2. 多学科理论的运用

近年来的历史研究，强调跨学科、交叉研究。而广告史研究由于广告本身的社会功能，更需要从经济、文化等角度进行研究。因此，本研究将综合运用社会学、心理学、经济学、文化史学等分析文献，进行理论研究。

作为历史研究，本书的难度主要在于对大量文献资料的梳理和分析。一方面，《良友》画报、民国上海以及民国广告史相关资料的梳理工作需要一定的时间来完成，一些细节问题的查证也会消耗一定的时间和精力。另一方面，材料分析中《良友》画报广告和《良友》画报的内容如何有机联系而又不相互混淆，是难点，也是重点。广告史的研究很容易陷入碎片化状态，若不进行详细的分类和安排，研究的各部分可能会显得支离破碎，无法衔接，成为柯林伍德所说的“剪贴派史学”。

3. 广告作品的个案分析和比较研究

《良友》画报所登广告作品，拥有长期广告的特色，通过对每个类型和每个广告主的分类研究，并进行个案分析，可以看出折射出的表征变化和场域变化。另外，通过与其他相同时期的刊物相对比，如《申报》《民国日报》等，可以更明确地得出《良友》画报广告的自身特点。

二、研究框架

首先，本书从良友公司的经营入手，研究《良友》画报得以流行的背景和原因。以《良友》画报的主编任职期间为研究分期的依据，具体为：

①初创期，包括第 1 期至第 4 期，由创始人伍联德亲任主编，这一时期画报正在摸索创办中，由于伍联德出色的眼界和能力，使得《良友》画报一炮打响，赢得了可观的读者数量。然而这一时期《良友》画报的编排并不出色，甚至可以说杂乱无章，所刊图片都是从各处搜集而来。这段时期《良友》画报上的广告已经确定了其基本的版面形式，最后一页全幅的南洋公司香烟广告持续了 22 期。②周瘦鹃时期，从第 5 期至第 12 期，伍联德邀请了周瘦鹃任主编，周是当年“鸳鸯蝴蝶派”刊物《礼拜六》的主编。不过周在文坛的名望并不能使其完全胜任一个画报主编的要求，因此到了第 12 期，便不再担任《良友》画报主编；③梁得所时期，第 13 期至第 78 期，这一时期也是《良友》画报的黄金时期；④马国亮时期，第 79 期至第 138 期，马国亮主编《良友》画报直到上海“孤岛”时期。第五任主编张沅恒时代已经超出了本研究的时间范畴，在此不做介绍。

其次，对《良友》画报的广告进行分类和具体研究，梳理《良友》画报所刊广告，进行一定的统计。将广告按类别、版面、出现时间和次数进行分析研究，并结合每段时期的社会状况进行历史性的研究。

最后，利用广告折射研究上海的社会状况，并利用对同时期其他刊物的对比，更好地确定上海社会群体的变化状况，同时利用相关理论对部分广告进行个案研究，并结合具体的历史事件，构建更具体的《良友》画报广告影响图景。

第二章 《良友》画报的经营与发展

第一节 《良友》画报的发展情况

一、初创期的波折与伍联德的办刊思想

《良友》画报自1926年创刊，在很短的时间内就使其读者遍布国内外，并受到各层次读者的好评，这与《良友》画报主创人员的经营之道和办刊思想密不可分，特别是创办人、总经理伍联德。伍联德是广东台山人，少年时家境并不富裕，他一直在广州岭南大学附小、附中、预科就读。伍联德自幼爱好美术，大学预科时，他与同学陈炳洪合作编译了一本美术专业书籍《新绘学》，此书于1923年由上海商务印书馆出版。也正是这次经历，使伍联德在预科毕业后就能够在上海商务印书馆从事编辑绘画工作。

伍联德在商务印书馆的工作是主编《儿童教育挂画》，并为《儿童世界》写美术图案字，这也使他成为最早开始创作美术图案字的中国人之一。这份工作使伍联德熟悉了出版事业，同时也使他意识到自己的抱负并未实现。正如他在后来的《良友一百期回顾与前瞻》中写到的："当时四开大小的单张画报颇为流行，唯一察其内容都缺乏学问之原素。窃以为在文化落

后之我国，藉图画作普及教育之工作，至为适宜。”用图画普及教育、开启民智正是伍联德的理想抱负。1925 年，伍联德与商务印书馆一位姓莫的同事共同创办了手绘画图的 4 开小报《少年良友》，一个版式为 4 开单张的儿童刊物，主要内容为德育故事、历史故事、科学常识、益智游戏等。“不料出版之后，事与愿违，未及数期，故销路打不开，资金告竭，不得不停刊。”① 在当时的上海，已经有商务印书馆的《儿童世界》和中华书局的《小朋友》两本画册，都是 32 开本彩色封面，并装订成册。而《少年良友》只是像小报一般的单张读物，难以引起读者的兴趣。《少年良友》的失败让伍联德明白了印刷是出版工作的基础，要想控制出版成本，更好地发展事业，必须有自己的印刷所才行。但是要办自己的印刷厂，资金是很大的问题，适时伍联德的老乡也是曾经的读者欧彬夫人（谭惠然），将自己丈夫生前所办的印刷厂低价转让给了伍联德，又为他做担保申请了银行贷款，并且在印刷所开办初期继续资助他。印刷所的成立，使伍联德真正站在了出版印刷事业的起点上，他聘请了善于经营的余汉生担任经理，自己则“整天泡在印刷所里”，和印刷工人们一起钻研印刷业务，“当时力求印得比别家好，因此生意很不错”②。在他们的努力之下，印刷所生意日益见好，规模不大但口碑不错。当印刷所业务稳定后，伍联德开始实施他的抱负——酝酿出版一份前所未有的大型画报。但是伍联德自己也承认“这是个冒险的计划”，他在《良友一百期之回顾与前瞻》中说，“昔古哲有言，一事业之开始，即冒险之尝试——我谓冒险，良非过当。盖当时吾人所拟办者非单张式，而是整本成册之画报，此种画报为市上所未有”③。但他决定要承担这个风险，

① 赵家璧:《〈良友画报〉二十年的坎坷历程》,《新闻与传播研究》1987 年第 1 期。

② 余汉生:《回首当年》，载《良友六十周年纪念特辑》，良友图书公司 1986 年版。

③《良友》画报第 100 期影印版。

他说，“如果成功了，利益归公，如果失败，我一人承担一切损失”[①]。1926年2月15日，在伍联德一个人采、编的情况下，一本全新的大型画报——《良友画报》诞生了，伍联德根据曾经的《少年良友》，将这本画报命名为《良友》画报，为了纪念《少年良友》，《良友》画报的英文名沿用了 *The Young Companion*。

《良友》画报的第1期即以“形式的新颖别致”和内容的丰富新奇吸引了读者，第一次印刷的2000份全部售罄，后又加印2次，共售出7000份。其内容有与时局相关的重要军政人物照片，有风景，有各种油画、摄影艺术、电影剧照，还有国外的猎奇图片、儿童照片、交际舞照片等。正如伍联德所说，“在阅读本志的时候，软性的不容其空无一物，硬性的却不嫌其艰涩难读，人生微妙的哲理，世界实际的常识，互相融合于一炉。务合本志成为一种满含着不枯燥的学问，不浪费的消遣的良好之物，正如诸君的一位知己一样，于笑谈趣语中贡献人生的至理和实益”[②]。伍联德将出版和编辑画报与开启民智结合起来，这使他站在了意识形态的前端，虽然《良友》画报定位在中产阶层，以时尚为表征，与当时那些流行画报有着截然的不同——这就是责任、品位。“我们要民智开、教育兴，惟一的门路，就要多出版书报——我们也深信出版的职业是开导民智、普及教育的工作，希望《良友》画报对于我们中国也有普遍的贡献”[③]。面对当时民众识字率不高的现实，伍联德选择了“易于认识”的图画形式，“传播与时俱新的知识”，最终使《良友》画报成为一本“学者专家不觉浅薄，村夫妇孺也不嫌其高深”的深受读者喜爱的刊物，充分体现了伍联德作为有责任感的出版人的

---

① 赵家璧：《〈良友画报〉二十年的坎坷历程》，《新闻与传播研究》1987年第1期。

② 伍联德：《纪念本公司创业十周年——更进一步》，《良友》画报1934年第90期。

③ 《良友》画报第25期影印版。

远大抱负。这种责任感还体现在《良友》画报刊登的广告上。结合《良友》画报的风格品位，《良友》画报大多为现代商品做广告，如第1期有12则广告，主要是鲜奶、奶粉、香烟以及电器公司、牙医诊所、剧场、影院等的广告。《良友》画报明确规定，为维护读者利益，不刊登色情和不实之广告，后文将做详细论述。

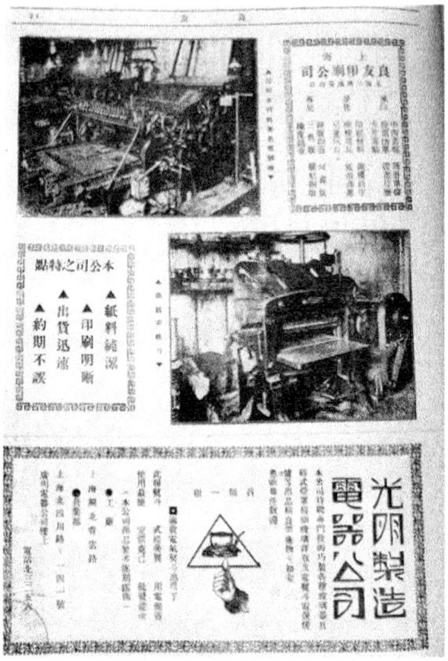

图2-1 《良友》画报第1期第21页，包括对自身印刷所的介绍，以及一则电器公司广告

另外，《良友》画报第1期最值得关注的应该是其开风格之先的美女明星封面。第1期封面刊登的是手捧鲜花的女明星胡蝶。这个集时尚和广告效果于一身的创意，成为《良友》画报一张永久的名片，体现了伍联德天才的文化经营目光。

图2-2 《良友》画报第1期封面

虽然如此，由于《良友》画报前4期是初创，伍联德对画报编辑“还未有一个完整的计划”，他既要主持印刷和经营，又要深入采、编，使画报“看不出图片的编辑加工”。如不同类型的稿件之间没有分栏区隔，不同时间、不同地点的稿件混合排列，单个版面组合缺乏设计等。另外，由于“既无一批特约选稿人，也无一个照片供稿队伍”（《赵家璧回忆录》），有时稿件不够，只能用其他相关照片充数。这引来了读者的意见：“你们的良友报印刷虽然好，但是搜罗

的材料未免太杂，不独你们搜罗不甚审慎。而且编排没有什么次序。你们印刷虽然美满，价钱虽然便宜。苟使你们《良友》画报的内容不佳，类别部分，不免美中不备了。”①

伍联德立即在《良友》画报第 3 期首页刊出了此信，以表示对读者意见的重视。第 4 期也在“装卷首第一篇”刊登了一名中学生的来信，信中提出了分类编排的建议。为了彻底解决问题，伍联德自第 5 期开始（1926 年 6 月）邀请了著名文人、《礼拜六》杂志的主编周瘦鹃来主持《良友》画报的编辑工作。此时的伍联德既希望通过周瘦鹃的名气使《良友》画报呈现新的面貌，也想使自己从编辑工作中解脱出来，因为他要把精力放在经营和创办新刊物上。然而事情并不顺利，因为周瘦鹃本人有各种社会兼职事务繁忙，对于《良友》画报的编辑工作并不能全力以赴，对于《良友》画报的办刊理念，周也缺乏足够的认知。周瘦鹃所办的《礼拜六》杂志是“鸳鸯蝴蝶派”的阵地，他办《良友》画报期间，仍依照旧日风格“在文学编辑上增加了一些文人文章和小说，图片上并没有什么贡献”，致使第 6 期到第 8 期的《良友》画报遭到了读者的批评。在第 9 期《良友》画报上，伍联德还是原文刊发了一封读者来信。信中除了对《良友》画报的图片编排等仍然提出意见外，对《良友》画报的文字也提出诸多意见。“尤其是时事，特约投稿往往适用而迅速，倘刊登的多有价值，将来有价值的稿件不招自至，文字要短篇，连载小说不宜，单行本与世人相见比较高明”“第六期《百闻一见》拖泥带水而无意味……第八期《颤动的心弦》简直是一篇肉麻丑态的淫小说，已令人不能不怀疑良友对于艺术之提倡及对于教育之辅助”。第 11 期还刊登了“人我君”读者的意见，建议《良友》画报“文字一方面，多采有国家观念及国民常识为主旨，图画则多采集时事片以警

① 《良友》画报第 2 期影印版。

惕国民”[①]。

伍联德以文化人的敏锐和企业家的魄力，正视读者的意见，尊重读者的权利。面对刊物的问题，他坚持读者本位的办刊原则，为了贯彻办刊宗旨，他下决心更张易辙。伍联德在《良友》画报第10期上刊登了一篇《致阅者》的编者文章，文中诚恳地表示接受读者批评，并提出了画报的整改意见及发展计划。特别是在内容编排上提出了详细而具体的计划：稿件要“分类编排，较为清楚有次”“全册分为七个部分，美术之部、国内之事、国外之事、妇女之页、介绍良友、儿童之部、文艺之部”；“根据多名读者来信反应”“我们觉得长篇不宜多取短篇而有味的”；并提到“明年的良友将有一番刷新和扩大”“总经理伍联德正在去南方实现良友的新计划”。这个新计划就是伍联德要彻底改造《良友》画报的人事安排吧。《良友》画报第13期与读者见面时，其正文篇幅从原来的25页扩大到了35页。[②]

为了实现《良友》画报更张易辙的目的，贯彻开启民智的办刊宗旨，自第13期开始，伍联德大胆启用了年方22岁的梁得所做《良友》画报的主编。正是这一极有远见卓识的举措，开启了《良友》画报的辉煌。伍联德开启民智的宗旨及以读者为本的办刊思想，在梁得所及后来的几任主编那里得到了很好地贯彻和发扬。正如第13期“与阅者谈话”所说，“在普遍性的园地，培植美的艺术的，知识的花果”，《良友》画报“不是少数人的需求，却要做各界民众的良友”。

---

① 《良友》画报第9期影印版。

② 刘永昶：《作为时代图像志的〈良友〉画报》，华中科技大学博士学位论文，2007年，第19页。

二、梁得所奠定的《良友》画报黄金时期

梁得所（1905—1938），广东连县人（今连州市）。他少年时期在广州有名的教会学校培英中学读书，后入山东齐鲁大学学习医科。梁得所与《良友》画报的缘分虽说偶然，但也有其必然性。梁得所在校半工半读，担任过学生组织的领导职务，曾编辑学校的墙报，擅长写作和绘画，他的才华得到了伍联德的赏识。《伍联德回忆录》中有这样一段话，“销数既每期递增，改良之心愈切。适于是年冬值梁得所因负笈于山东齐鲁，以事辍学来沪，因接洽印件，彼此获识，时相会晤。颇觉其年少有为，因即延聘，共同襄理编务。第12期起，周瘦鹃因事告退，主编一席，即以梁先生承其乏”①。1926年3月两人第二次相会，8月伍联德就把梁得所个人照片在《良友》画报第7期上介绍给读者：“梁得所今夏毕业于广州培英中学，转升山东齐鲁大学医科，经沪游杭，称之谓未成名之作家，欲广为介绍。”1927年3月，《良友》画报第13期写上了梁得所主编的名字。梁得所以22岁的年纪就任一本画报的主编，况且他介入《良友》画报编辑部工作的时间很短，一开始他只是被聘用为驻山东的特约记者，只是和伍联德一样自学过绘画。伍联德这一大胆而有远见的举措，体现了一位文化企业家的远大目光和胸怀，从而也将《良友》画报推上了蓬勃的发展期。伍联德给梁得所的评价是“你一辈子乐于负责”②。梁得所主编《良友》画报共6年半时间，是《良友》画报史上主编时间最长的主编。22岁任主编，27岁任总经理，可谓青年才俊，也是时势造英雄。

梁得所从1927年3月到1933年8月共主编《良友》画报66期，此期

① 香港复刊《良友》画报创刊号，1984年9月号。

② 《良友》画报第61期影印版。

间他集采、编、创于一身，可谓呕心沥血。他从伍联德那里继承了“必若何而后人阅我报，必若何而后人阅我报而有益”（伍联德引《申报》总主笔陈冷言）的办刊理念，他在“有益于读者”的宗旨下，发挥着自己对《良友》画报的理解和创造。他的理想是“在普遍性的园地，培植美的、艺术的、知识的花果”“杂志不是供少数人的需求，却要做各界民众的良友”①。1929年后梁得所对《良友》画报进行了较大的改革，加印了彩色美术作品插页栏目，每期4页，介绍西洋美术；连载《美术大纲》（梁得所译）；时常刊登深受读者欢迎的短小精悍的梁得所散文随笔；新文学界的作家们也开始出现在《良友》画报上，如田汉、曾虚白、叶鼎文、郁达夫等，他们所写的专栏文章和专题介绍以及高奇文、徐悲鸿、陈树人等的画作介绍，“使读者耳目一新”(《赵家璧回忆录》)。第25期（1928年3月）起，所有图片说明都加入了英文部分，扩大了海外华侨读者的覆盖面。 鲁迅的专访文章和照片也登在了《良友》画报上。“像办报纸一样地办画报，是梁得所在任时期摸索出的一条新路子”②。梁得所主编的《良友》画报除了“增广见识——宣传文化美育、启发心智、丰富常识”之外，开拓生活视野、提高国民素质、关注时政也是其重要内容。如日军侵华的罪行，被及时做成专题配以国际新闻社的照片刊在第26期上，还有第33期梁启超逝世的报道，第34期丰子恺生平作品介绍等，展示了一本画报关注社会、启迪人生的视野。此时《良友》画报的页码已扩充到40页左右，每期售价也增至3角。37期起封面由绘图改为人像美女彩色胶印，更加引人注目，印刷全部用铜版纸代替了道林纸，《良友》画报从内在品位到外在品质都达到了它的成熟期。1932年12月上海邮政局挂号杂志的销数记录，以4万份左右的发行量，仅次于邹韬奋主

① 《良友》画报第13期影印版。

② 赵家璧:《〈良友画报〉二十年的坎坷历程》,《新闻与传播研究》1987年第1期。

编的《生活周刊》12 万份的发行量，位居上海市杂志的第二名。这一时期，《良友》画报已发行到世界各地，包括美国、加拿大、苏联、澳大利亚、日本、德国、法国、英国、智利、阿根廷、哥伦比亚、秘鲁、古巴、墨西哥以及南洋诸国，凡有华人的地方，就会有《良友》画报。

《良友》画报受读者欢迎的程度可从一例中看出，“编辑余谈”中谈及云南省一位读者的来信，大意是决定订阅一份《良友》画报，但云南汇银困难，只好以物易报，“现寄上猪鬃表链一份，未知可否通融易报一年，倘不能用，下次可改寄云南特产食物，如茶叶、火腿、大头菜等”[①]。这说明虽然当时国内时局动荡，通邮不便，但仍不影响读者阅读《良友》画报的热情。马国亮先生在回忆录中是这样评价梁得所的：“伍联德始创的大型画报，梁得所是在这基础上明确了画报的使命，确立了它的规范，从而成为后来许多继之而起的同类画报的楷模。在中国画报史上，梁得所应是继之而起的同类画报的楷模。”[②] 黄天鹏先生在总结民国画报出版时，对《良友》画报的评价是：“这五年来的努力与成绩，大家有目共见，‘首屈一指’，成为公论了。”[③]

由于某些原因，1933 年 8 月，梁得所离开了《良友》画报，在上海创办了大众出版社，先后主编刊行《大众画报》《小说》半月刊和《文化》月刊等刊物，但终因摊子过大却资金不足而失败。这对《良友》画报和梁得所本人都是一种遗憾，正如马国亮先生所说，“如果当时梁得所没有离开良友，并且成为公司的当权人物之一，那么 1938 年良友公司解体的情况可能

① 《良友》画报第 43 期影印版。

② 马国亮：《良友忆旧——一家画报与一个时代》，生活·读书·新知三联书店 2002 年版，第 119 页。

③ 黄天鹏：《五十年来画报之变迁》，《良友》画报第 49 期影印版。

就不会出现，他本人后来也不致成为悲剧人物”[①]。

三、马国亮的继承与发展

马国亮（1908—2002），广东顺德人，与梁得所是广州培英中学的同学，高中未及毕业就到上海新华艺术学院学习美术，因在培英中学时与梁得所共同编辑过学校的墙报，从而得到梁得所的大力推荐。《良友》画报第37、38期分别发表了马国亮的文章，梁得所亲自写了“编者附志”：“旧同学国亮，爱好文艺，从俄国画家研究美术，散文先发表于此，其余异日出单行本。”[②] 1929年初，年仅21岁的马国亮进入《良友》画报编辑部，开始做助理编辑（正式写上助理编辑的职位是1930年的第49期），工作内容包括“部分的画报版面设计、写说明文字 、校对、登记来稿、处理归档已发表的图片”等，“还应梁得所之邀为画报撰稿、为特约稿件作插图，这些作品也引起了伍联德的注意”[③]。从第69期（1932年9月）起，马国亮以助理编辑的身份承担起了画报编辑的重责，因为此期间梁得所带领良友摄影旅行团出行在外。这段工作使马国亮积累了丰富的编辑经验，也使他在梁得所卸任时理所当然地接班成为《良友》画报名副其实的主编。

《良友》画报第79期（1933年8月）的版权页上正式写上了马国亮主编的名字。马国亮接任主编后共主办了60期，伍联德评价他：“马先生得天独厚，品学兼优，能文善画，更为画报不可多得之才。”[④]1933年马国亮刚接

---

① 马国亮：《良友忆旧——一家画报与一个时代》，生活·读书·新知三联书店2002年版，第108页。

② 赵家璧：《〈良友画报〉二十年的坎坷历程》，《新闻与传播研究》1987年第1期。

③ 同上。

④《良友》画报第100期影印版。

任主编时，中国杂志正处于蓬勃发展时期，如雨后春笋般涌现的杂志有一多半在上海。据统计，当年出版的主要刊物中，上海有178种，而同期南京只有39种，北平（即今日的北京）9种，杭州10种，广州3种。[①]画报竞争更是异常激烈，“《良友》画报成功后，上海模仿《良友》画报形式的大册画报盛行一时（10余种）”。主要竞争对手有《文华》《现代画报》及上海两大媒介巨头《申报》《新闻报》举办的《新闻报画报》《申报画报》等。此外，梁得所自组大众出版社出版的《大众画报》，由于汲取了《良友》画报多年来的办刊经验，亦给良友公司带来了心理威胁。此时的伍联德亦是“心情复杂烦躁”。

马国亮接办《良友》画报后的压力可想而知，“《良友》画报内容在梁得所经营下已经有了一个定型，而且事实证明已是读者所乐于接受的定型”。马国亮既要做到保持《良友》画报现有的影响力，还要有所发展。好在此时良友公司有了更强大的经济实力，《良友》画报也拥有了一支各路人才齐集的编辑队伍，比如万籁鸣、丁聪、李青、李旭丹、潘比德、陆上之、郑伯奇等，他们在各方面给予年轻的马国亮鼎力支持。马国亮回忆说：“幸有这许多好伙伴，使我在此后五年多的工作中，能够顺利进行。”这使马国亮主编的《良友》画报在继承梁得所辉煌成就的基础上又有了新的发展。

赵家璧在回忆录中说，《良友》画报在马国亮主编时期“跟上了时代，反映了时代，起到了唤醒民族，教育人民的作用”[②]。马国亮在郑伯奇的影响下，与茅盾、丁玲、巴金、老舍、郁达夫、郑振铎等左翼作家建立了联系，他们的作品也都出现在《良友》画报上。

1937年，继“七七事变”之后，日军于8月13日大举进攻上海，上

① 胡道静：《1933年的上海杂志界》，上海书店1984年版，第354页。

② 赵家璧：《〈良友画报〉二十年的坎坷历程》，《新闻与传播研究》1987年第1期。

海地区抗战爆发。战火中上海的很多刊物，如《时代》《美术生活》《新生》等均先后停刊。《良友》画报也遭受了严重的损失，不得不暂时停止发行。由于北四川路成为日军的基地（良友公司所在地），公司内的存书两日内被盗窃一空。在杨树浦的印刷厂，因战况激烈，印刷中的《良友》画报第 131 期连同原稿全部损失，因此被迫停止发行。此时马国亮正在香港出差，赵家璧、张沅恒等其他编辑经过周密筹备，将公司营业部改在租界办公，避开日本人的管控，而由马国亮筹办将编辑部迁至香港，以表“我们是中华民族的子孙，当不能屈辱于暴力之下，以资敌用”的决心。1937 年 11 月，《良友》画报第 131 期在极其困难的情况下坚持出版（在香港复刊），“编者话”中说：“上海战局，自非短促时间可决。——本志迫于事势，将篇幅减去三分之一，以求延续出版之可能。”复刊后的《良友》画报全面反映了国内抗战的内容以及日寇侵华的累累罪行，发表了进步作家的文章和作品。为了及时报道国内抗战的形势，马国亮历尽艰险北上武汉等前线城市，采访各方面军政要人，及时掌握了最新消息，并反映在刊物中，为国内外读者了解抗战局势提供了信息。1938 年 1 月起，《良友》画报正式迁至香港，第 133 期在香港出版。至第 138 期，1938 年 6 月，《良友》画报因经济原因停刊。马国亮自此离开了他曾为之奋斗并让他骄傲的《良友》画报。

《良友》画报是读者的知音，也是编辑们的挚爱，他们不甘心让《良友》画报就这样消弭。在不懈地努力下，1939 年 2 月，《良友》画报在上海租界复刊，第 139 期续出，此时的主编由张沅恒接任。张沅恒是赵家璧在光华大学的同学，曾为良友公司编辑过一些画刊，马国亮说他来当主编“胜任自不待言”。此阶段《良友》画报仍然以介绍、宣传各方面抗战为主要内容，由此也引来了日本人的注意。1941 年 10 月，《良友》画报刊出第 171 期后，太平洋战争爆发，随之日军占领了租界，进而以宣传抗日的名义查封了《良友》画报。抗战胜利后,《良友》画报出版了第 172 期，也是民国时期《良友》画报的最后一期。

第二节 《良友》画报的广告观与经营策略

一、严肃的广告观与“柔性扩张”

良友公司的创办者伍联德对广告经营十分重视，他在创办《良友》画报之初即表明“以商业的方式而努力于民众的教育文化事业”[①]。《良友》画报第 1 期就登出了 20 则广告，在以后的画报中他还专门发表了征召广告的启事和软文。由于《良友》画报制作精美，销量极大，所以广告收益也不错，但与其他商业性报刊如《申报》《新闻报》等比较,《良友》画报的广告规模远不算大，这与《良友》画报的历任主编、编辑及股东经理们对广告的原则和态度有关。

虽然《良友》画报的销量不错，有更多投放广告的潜力，但《良友》画报并不过于追求刊登广告所带来的利润。“有一种限制，在今天看来是不可思议的，那就是给予我们的编辑部一种权力——为了维护读者利益，编辑部可以拒登广告。”[②] 以当时《良友》画报的销量和影响，广告效力非常大，愿意在《良友》画报上刊登广告的客户当然不会少，其中也自然有种

---

① 《良友》画报第 4 期影印版。

② 马国亮:《良友忆旧——一家画报与一个时代》，生活·读书·新知三联书店 2002 年版，第 119 页。

种不良影响的广告诉求，看看当时其他报刊上不时出现的各种虚假、色情广告就可以想见，《良友》画报这样一本时尚杂志，如果不是洁身自好的话，怎么会保持在读者心目中的良好形象？这与《良友》画报历任主编的办刊宗旨是分不开的。伍联德虽然以商业手段办出版企业，但他更强调办出版的理念是普及文化教育、开启民智，所以决不为商业目的所左右。《良友》画报刊登启事，明确拒绝两类广告：不可靠、有欺骗消费者可能的；色情、与性有关的。[①] 梁得所继承了伍联德的办刊宗旨，完善了他的办刊理念，他认为《良友》画报应该是“一本男女老幼皆可阅读的刊物，是一本内容健康、摆在家庭里面而无愧的刊物”[②]。马国亮也坚持了这一原则。在良友公司，经常有这样的情况，经理余汉生拿着广告到编辑部与编辑们协商，共同衡量广告所占版面的大小，然后再决定在本期刊登或移在下期刊登。如果编辑部认为有一期广告过多，占据了过多的篇幅，为了保护读者的利益，编辑部可以拒绝刊登，经理都会尊重编辑的意见。

广告社会责任问题至今仍是一个纠缠不清的难题，因为这涉及广告主、广告商和媒体等多个主体，其中媒体责任一直受到大众的诟病，有些媒体在公众利益和经济效益面前往往忽视自己“守门人”的职责，却将不良广告的责任完全归于其他广告主体的“责任自负”。《良友》画报这种注重品质、独立办刊、少受广告商左右、坚持读者本位的做法实属不易。这也成为《良友》画报品牌“柔性扩张”的一部分：使广告作品成为宣扬编辑思想的重要平台。《良友》画报坚持广告服从于刊物定位的办刊理念深得人心，同时对广告的编排设计也十分讲究。

---

① 马国亮：《良友忆旧——一家画报与一个时代》，生活·读书·新知三联书店2002年版，第119页。

② 同上。

伍联德主编《良友》画报时期，就力求广告设计的美观，如广告边框的精心修饰、版面安排的整洁、不干扰正文阅读，等等。特别是广告内容的健康，这成为《良友》画报后来刊登广告的宗旨。梁得所接任后贯彻并发扬了伍联德的办刊宗旨，让《良友》画报从内容上焕然一新，摆脱了“画报即是消遣无聊的东西”的宿命，从而成为当时画报的楷模。在广告观上梁得所也极有见解，他曾在《广告术》一文中阐述了中国商界不重广告的弊端及其产生的根源，主张“从广告术方面而论，营业愈大，广告愈要注意——No one is too big for publicity”[①]。这说明他也是一位极具广告意识的编辑。梁得所在办刊宗旨上仍然坚持伍联德的读者本位原则，在形式上则不断创新：最初那种繁复的花边不见了，代之以简洁的线条与正文区别，还适当运用空白，使版面更加活泼，但又不致混淆。这段时期的广告中，除了编排上的精心设计，广告的表现形式也有了突破，有更多美女形象出现，精美的照片广告也多了起来，广告的视觉冲击力更强了。

二、注重文化品位的编辑与“名人效应”

《良友》画报的历任主编、编辑都非常注重塑造《良友》画报的文化品格，邀请文化名人加入《良友》画报，是自梁得所主编时期开始的，诸如鲁迅、胡适、老舍、郁达夫、田汉等人均为画报撰过稿。在此期间，鲁迅的专访和照片也在梁得所的力邀下登上了《良友》画报。据马国亮回忆，此事之后另一本杂志邀请发表鲁迅的照片就被拒绝了。至马国亮时期，随着《良友》画报的影响越来越大，这一传统也更加发扬光大了，出现在画报上的文化名人中又加入了丰子恺、穆木天、茅盾、巴金、林语堂、张天

---

① 梁得所:《得所随笔》，良友图书印刷公司 1929 年版，第 132 页。

翼、郑振铎、丁玲、阿英、叶灵凤等人。马国亮说：“图片方面，知名的记者、摄影家、画家都乐于支持。文字方面，则有著名作家提供稿件，成功人物撰写自传，等等。还有社会各界知名人士为《良友》画报题的字，都说明《良友》画报获得了有识之士的高度评价和认同。”“事实上《良友》画报并无什么特殊背景——包括经济的和政治的。只不过如上面所说的，因为画报宗旨纯正，得广大读者的欢迎，因此各界名公巨子，都乐于支持。我们不需要设宴请客，不需要走后门。只凭一封信，都是有求必应。各方支持，《良友》画报载誉，两者是分不开的。”①

利用名人效应需要有成功的策划。《良友》画报第45期推出了“成功人物自述”专栏，之后分别介绍了当时中国唯一的足球明星李惠堂、知名画家徐悲鸿等影响力广泛的人物。这些人物的成才经历成了青年励志的榜样，在读者中引起了很大反响。随后编辑们又策划了“名人生活回忆录”专栏，介绍了爱国将军冯玉祥、著名画家丰子恺、防疫专家伍连德、戏剧家洪深、音乐家马思聪，还有政治家、教育家，等等。这些成功人士带给读者的是他们艰苦奋斗的成长经历和对人生的感悟，彰显了《良友》画报关注社会、启迪人生的品位和历史感。在此基础上，“上海地方素描”专栏也紧随而至，著名作家曹聚仁介绍回力球，其中“解释现象”“进一忠言”劝人不要上当；茅盾写证券交易所；穆木天写弄堂；郁达夫写上海的茶楼；洪深写上海的大饭店。这些既具有历史价值又充满文化韵味的名人文章，不仅满足了读者的好奇心，更回应了他们的文化期待。除专栏之外，还有名人题字，蔡元培、胡适、马君武、林森、蒋介石、宋子文、何应钦、孔祥熙、张群、孙科、于右任、谭延闿等都为《良友》画报题写了“良友”

① 马国亮：《良友忆旧——一家画报与一个时代》，生活·读书·新知三联书店2002年版，第150页。

二字。政界、军界、商界、教育界、文化艺术界等社会各界名人荟萃于《良友》画报。“请名人题字，名报名人，相得益彰”[①]，这正道出了《良友》画报的知名度和名人效应两者相辅相成的关系。马国亮回忆说：“自从良友风行各地，当时继之而起以良友命名的店家一时风起云涌。”良友的风格品质使名人名家青睐之，名人的“眼球”效应，更加吸引了读者的注意力。一位长沙的舒容先生来信说：“《良友》画报每期的‘名人生活回忆录’都令我非常感动。我常常对朋友说，《良友》画报光是这一篇东西，已经值回四角钱以上。我看到现代许多名人的出身，都是如此该苦，实在使人起舞，同时也使我得到无限的勇气。”[②]

三、良友公司的广告经营

伍联德在《良友》画报创刊伊始就确定了“以商业的方式而努力于民众的教育文化事业”的方针，《良友》画报第1期就有广告20则，均是紧随时尚、配合新型大公司和电影院等的建成而发表的介绍文章及广告，效果极佳。《良友》画报发展到在全国期刊中“销量最大”“但每期刊登外界的广告不算多，原因是当时工商界对利用传播媒介推销产品的认识远不如今日，另外的原因是《良友》画报对广告的选择相当严格，不少送上门来的广告却不一定被接受”[③]。虽说20世纪二三十年代是近代广告的黄金时期，但是当时的经营理念和广告意识与现代是无法相比的，“酒香不怕巷子深”的老观念

① 马国亮：《良友忆旧——一家画报与一个时代》，生活·读书·新知三联书店2002年版，第150页。

② 同上书，第158页。

③ 同上书，第119页。

影响着不少企业，按当时经济发展的状态，“广告实际数量远未达到它的容量”，广告的作用还未得到普遍而充分的认识。伍联德参观美国出版业后深有感触，他说：“现在杂志中最美最廉的，可算美国出版的《礼拜六晚邮报》（*Saturday Evening Post*），材料既是丰富，印刷又美观，只售美金五分。我们的《良友》也想如此的，但我们现在的力量，终做不到，这并非我们不想做，其实因为我们的工商业不争气。《礼拜六晚邮报》之能如上价廉，就因为收入工商界很多的广告费，来帮补的——我们《良友》画报力谋他的材料精良，同时广告收入帮补又很少，所以只可照今日的定价了。”① 这是《良友》画报广告不多的原因之一，还有一个重要原因就是“不少送上门来的广告”被拒之门外。“良友图画杂志社为读者利益计，良友图画杂志内广告篇幅有一定之限额，逾期不收。”“凡经良友图书公司认为不诚实，不名誉及有妨碍本公司营业可能之广告，得拒绝登载之。”② 由此启事中的广告登载原则可以看出，《良友》画报自始至终坚持着读者本位的广告原则，所以广告量和收益都不能和其他大报刊相比，但在售价方面，《良友》画报却一再为读者让利。《良友》画报最初定价只有大洋 1 角（据估算，1926—1936 年，1 银元可抵今天 30—50 元人民币），全年大洋 1 元，半年大洋 7 角。《良友》画报第 3 期上刊出过一则启事：“本报在创刊伊始。以优待阅者起见。每册只售大洋一角。全个订阅只收大洋一元。计出版三期。已帮本不少。决定于第四期起加价。零售第册大洋两角。订阅全年大洋二元。”可第 4 期“卷首第一篇”中又说：“爱阅本刊诸君纷纷来信，共计一千多封——都是来劝止我们不要加价的——”既要维持经费，又要考虑读者的意愿，因此《良友》画报第 4 期没有按计划涨价。第 5 期起才开始涨到每册大洋 2 角，全年大洋 2 元，后又改

① 《良友》画报第 25 期影印版。

② 《良友》画报第 125 期影印版。

为小洋2角，全年1元5角，出版一年后定价基本固定，第16期、17期上出现的发行启事都是“定价每册大洋二角，国内全年二元四角，半年一元四角；国外全年三元，半年一元七角”。第21期《良友》画报刊出了“两岁后之良友”（刷新并加价之预告），“由二十五期起——第册零售定价大洋三角，定阅全年国内连寄费三元六角，国外连寄费四元二角。由二十五期起——封面用橡皮版彩色精印美女画，内容材料精选刷新，加英文说明”。同时附“本报加价理由”：除了纸张、制版、印刷和英文翻译、封面画等增加成本外，“印额每期增加，而广告收入增加之速率，远不及成本增加之速率，是以印额与营业收入适成反比例——愈印多则收入愈微”[①]。文中还特别举出了商务印书馆代理的世界销量最大的美国杂志《礼拜六晚邮报》，也发出了通告定价由美金5分涨至4角（原价之8倍），请求读者的理解，可见其苦衷。到第49期时《良友》画报又将每册调整为大洋4角，全年大洋4元4角。在坚持刊登广告原则的同时，良友公司也在努力唤起工商界普遍的广告意识，并为此做了很多努力。

1. 优势引导，正面宣传

为了唤醒上海各界企业普遍的广告意识，《良友》画报大力宣传做广告的好处，多次在《良友》画报上刊登吸引商家广告的软文或启事。《良友》画报第107期中就刊载了几则国外广告摄影图片，说明为“画报引人入胜，且百读不厌，广告亦易入眼帘，永留印象也，一般商家群趋画报，广告之摄影美术乃日形进步，标新立异”[②]，明确指出了画报夺人眼球的优势以及摄影广告的前景，用形象感染来劝服工商界前来投放广告。《良友》画报曾多次刊发广告启事，第52期以“登广告于良友报得收奇效”为标题（见

① 《良友》画报第21期影印版。

② 《良友》画报第107期影印版。

图 2-3），列举了 8 条登广告的好处：（1）《良友》画报信用卓著；（2）《良友》画报销数最大（每期销售 35000 册，号称读者 20 余万）；（3）印刷精美，用世界最新式之影写版，特别强调“广告特别令人注意”；（4）本刊散布遍及世界；（5）阅者人数广泛；（6）阅读有效期长；（7）图画形式收效极宏，“即使不惯读日报者于本报则无不欢迎，登广告于此其功效真有意想不到也”；（8）广告位定价公允，函索即寄。

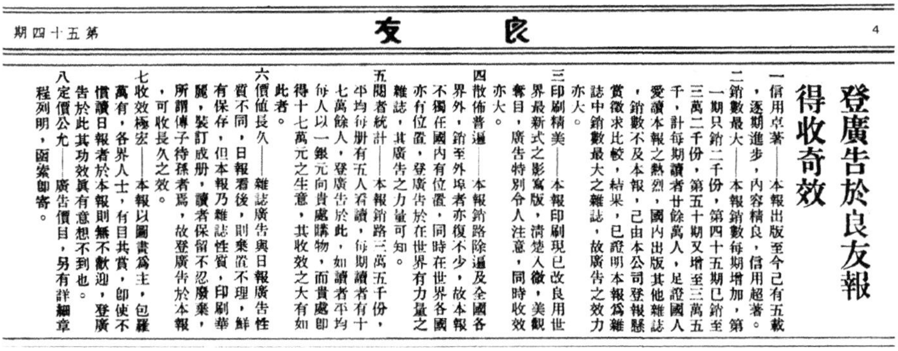
良友　第五十四期　4

登廣告於良友報得收奇效

一信用卓著——本報出版至今已有五載，逐期進步，內容精良，信用超著。

二銷數最大——本報銷數每期增加，第一期只銷二千份，第四十五期已銷至三萬二千份，第五十期又增至三萬五千，計每期讀者廿餘萬人，足證國人愛讀本報之熱烈，國內出版其他雜誌，銷數不及本報，已由本公司登報懸賞徵求比較，結果，已證明本報爲雜誌中銷數最大之雜誌，故廣告之效力亦大。

三印刷精美——本報印刷現已改良用世界最新式之影寫版，清楚人微，美觀奪目，廣告特別令人注意，同時收效亦大。

四散佈普遍——本報銷路除遍及全國各界外，銷至外埠者亦復不少，故本報不獨在國內有位置，同時在世界各國亦有位置，登廣告於在世界有力量之雜誌，其廣告之力量可知。

五閱者統計——本報銷路三萬五千份，平均每册有五人看讀，每期讀者有十七萬餘人，登廣告於此，如讀者平均每人以一銀元向貴處購物，而貴處即得十七萬元之生意，其收效之大有如此者。

六價值長久——雜誌廣告與日報廣告性質不同，日報看後，則棄置不理，鮮有保存，但本報乃雜誌性質，印刷華麗，裝訂成册，讀者保留不忍廢棄，所謂傳子待孫者焉，故登廣告於本報，可收長久之效。

七收效極宏——本報以圖畫爲主，包羅萬有，各界人士，有目共賞，即使不慣讀日報者於本報則無不歡迎，登廣告於此其功效眞有意想不到也。

八定價公允——廣告價目，另有詳細章程列明，函索即寄。

图 2-3 《良友》画报第 45 期刊登“登广告于良友报得收奇效”

这则启事从品质、影响、销量、时效等方面详细阐明了在《良友》画报上刊载广告的好处。在另一则广告中，则不厌其烦地给广告主算了一笔细账：“设使向国内各地寄发广告信件四万封，邮票纸张印刷等费将非六七百元不办，姑无论此种广告之有无效力，即收集四万个收信人名址已非易事。良友画报广告全年收费为国币三百六十元（平均每本不到一分），如果刊登最小地位八分之一面收费不过国币六十元（平均每一分五厘可登十本）。”[①] 可谓用心良苦。另有《良友》画报第 172 期（1945 年 10 月）广告部启事：“本杂志创刊于民国十五年，销行记录曾达到两万份，读者远及南非北美，全国人士无不视之为画报界之权威，前被敌人查封停刊，今抗战

① 《良友》画报第 52 期影印版。

胜利，继续发行，各地读者行将更见增加，实为刊载广告效力最宏大之定期刊物，公司厂商刊载广告，深信必有久远之成绩与意外之收获，值兹复刊伊始，特将广告刊例附刊于下，如蒙赐教，请经向本部接洽为荷。”①

2. 形象宣传，品牌延伸

《良友》画报的形象在当时已深入人心，这是不争的事实，品牌效应是《良友》画报吸引广告最有力的武器。在百期纪念刊中，《良友》画报跨版刊登了两页的广告，广告背景是熙熙攘攘的人群，广告上画了一幅世界地图，地图上密密麻麻地标注着《良友》画报的双鹅商标，广告语为“良友读者遍天下”。这极具创意的形象宣传广告，将《良友》画报品牌再一次扩大、展示，充满了震撼力，虽然并未直言广告，但让广告商们看到了《良友》画报品牌延伸的价值。

《良友》画报广告除了宣传画报之外，还对良友公司其他多种出版物进行总体广告宣传，下图为 1936 年 5 月 23 日的《申报》首版，在此刊登了良友公司刊物的全版广告（见图 2-4），宣传介绍了当时良友公司的 10 多种出版物。从广告中可以看出，此时良友公司的出版物类型已相当丰富，系列丛书与期刊交相辉映，“良友出版”可谓蒸蒸日上。据《申报》数据库显示，良友公司在《申报》各期刊登广告近 200 条，这种对公司和出版物进行的整体性宣传，无疑又扩大了《良友》画报的品牌效应，为吸引更多广告做了铺垫。

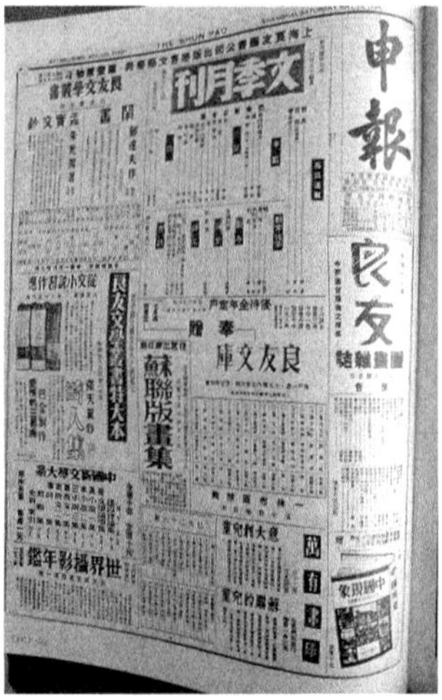
申報
文季月刊
良友文學叢書
良友文庫
良友
蘇聯版畫集
世界攝影年鑑

图 2-4　良友公司在《申报》上刊登的广告，该页内所涉出版物均由良友公司出版

① 《良友》画报第 172 期影印版。

第三节　良友公司的其他出版物

一、系列丛书的成功

图书出版是良友公司在画报、期刊之后的又一重要业务内容。1927 年 3 月，“良友印刷公司”更名为“良友图书印刷有限公司”，《良友》画报刊登启事称：“添加资本扩充营业拟于中国出版界作大贡献。”此时公司已有 5 种刊物：《良友》画报、《银星杂志》月刊、《汎报》周刊、《艺术界》周刊、《体育世界》季刊，同时出版了田汉的《文艺概论》、孙师毅的《影剧论集》等文艺书籍。为了扩大书籍出版事业，1927 年 4 月伍联德花了半年时间在美国游历考察。伍联德说：此行的主要目的“就是考察他们的印刷和出版事业。——共参观印刷所，凡数十所，杂志社，日报馆，图书公司等等都看过。这种事业，发达极了！……因此使我知自己谋进展的重要”。美国新闻出版业“宏伟的规模和管理的周到”令伍联德感到震撼，同时也使他充满了信心和激情。

回国后，他立即开始实施良友事业的扩充与发展计划，他首先使良友公司成功转身实现传媒企业股份制经营。1929 年 1 月，在前期两次分别招股 4 万元和 6 万元的基础上，《良友》画报再次刊登了扩充招股简章，共招股 10 万元。公司也更名为“良友图书印刷股份有限公司”，总公司设立于上海，分公司分别设在香港、广州、梧州三地。伍联德充满信心地表示，要在“最短时间内建筑工厂、添置机器，扩张出版部，多出适应时代之书籍”。赵家璧（1908—1997）就是在这时应邀进入了良友公司，他是继梁得所、马国亮之后良友公司的又一栋梁人才，也是伍联德远见卓识、知人善任的又一重大收获。1928 年，中学刚刚毕业的赵家璧与伍联德因印刷业务相识，立即得到伍的欣赏，被邀请加入良友公司。因大学未毕业，赵家璧选择半工半读到良友图书印刷公司主编新刊《中国学生》。1932 年大学毕业后，24 岁的赵家璧即进入良友图书印刷公司任编辑，主持文艺书籍出版，由此开始了他出版家的生涯。

赵家璧由主编“一角丛书”开始，但销量不大，没有成功。他意识到“在读者中有权威”的作家很重要。恰逢“九一八”事变，他敏锐地意识到该选题的价值，于是“最先找到的是进步政论家胡愈之”“不到一星期，他写的《东北事变之国际观》手稿寄来了”，出版后即成了“轰动全国的畅销书”。此后，赵家璧在左翼作家郑伯奇的帮助下，联络了鲁迅、老舍、丁玲、林语堂等一批知名作家，这些“‘左联’‘社联’‘剧联’的作家，陆续给丛书写稿。1932 年下半年续出 30 种，总数销到 50 万册；1933 年又续出 30 种”，使良友公司的图书出版事业有了很大发展。

从书成功之后，他又陆续主持出版了《良友文学丛书》（47 种）、《良友文库》（16 种）、《中篇创作新集》（10 种）等。这些图书汇集了众多名流，鲁迅、老舍、茅盾、叶圣陶、郁达夫、丁玲等著名作家均被收入其中。1935—1936 年，赵家璧又主持出版了 10 卷本的《中国新文学大系（1917—1927 年）》，此套丛书的学术价值很高，对中国文学史的研究很有意义，受到了学术界的好评。良友图书出版在赵家璧的主持下，成为良友公司重要的利润来源，同时还与《良友》画报共同成为“良友”品牌的塑造者，装帧讲究的“良友版”由此发扬光大。

二、多种文艺刊物和印刷品

从社会效益来看，良友公司的图书出版和期刊画册出版各占其半；从业务经营和盈利来看，除了期刊画册、图书之外，唱片和明星照片也是重要的利润来源。《良友》画报的成功鼓舞了伍联德的出版热情，他充分利用品牌延伸的功能，在《良友》画报出版一年后，陆续推出了四种刊物:《艺术界》《现代妇女》《体育世界》以及专门的电影期刊良友《银星》。这些期刊后来都演变成了其他名称的刊物:《银星》后来改名为《电影画报》；作为《良友》画报妇女版的《现代妇女》很短时间后即改名为《今代妇女》，其后又改为《妇女画报》;《艺术界》后来更是更换了多个刊名，如《人世间》《新小说》等。除了出版物外，在“良友出版”的品牌下，良友公司开发了一系列成本不大利润较高的出版物，而且由于是首创，获得了丰厚的利润。据马国亮回忆:“其中最销路大、成本轻的，无过于中外电影明星彩色图片和外国名曲及流行歌曲。前者是八开单张，每张售价一角，前后印了一百多种，那时候一本普通的刊物售价也不过二角——但是更大的销路却是歌曲。每种占篇幅数页，不需彩印，售价也是二角”。“不久有声电影勃起，美国歌舞片乘时竞出，其中都插有不少歌曲。更由于透过电影的宣传，这类歌曲风靡一时。良友公司紧握时机，预先搜罗到这些歌曲，翻印就绪，在电影放映的同时，在市上推出。这类歌曲销路之大，远出一般人的意料。”① 这一由梁得所提出的印刷歌曲歌词的想法，准确把握了当时美国歌舞片盛行的市场，是《良友》画报品牌延伸的最好实践，在满足了人们的文化需求之外，也使良友公司收到了丰厚的经济效益。画册也是良友公司的特色出版之一。《中山特刊》《北伐画史》《中国大观》《远东运动会特刊》《全国运动会特刊》《奉安大典特刊》，这些及时报道重要时事新闻的画册，在创造良好经济效益的同时，也满足了国内外读者的精神需求，宣传

① 马国亮:《良友忆旧——一家画报与一个时代》，生活·读书·新知三联书店2002年版，第119页。

了进步思想。《中国大观》《中华景象》则以上千张图片全面介绍了中国的社会面貌，开启了民智，产生了广泛的影响，社会效益和经济效益俱佳。

三、良友公司的整体经营

《良友》画报自1926年创刊第1期，销量就由2000册加印至7000册，到1929年，销量更是达到了每期3万册，高峰时4万册，成为当时全国销量最大的月刊之一。其读者遍布世界各地，包括美国、苏联、澳大利亚、日本、德国、菲律宾、土耳其、西班牙、埃及、智利、秘鲁、印度、波斯等地区。在当时消费水平不高、市场容量有限、发行环境欠佳的情况下，《良友》画报发行范围如此之广、数量如此之大，原因可归纳为以下几方面。

1. 运用先进的管理体制

"良友图书印刷公司"最初是小型民营出版公司，也是最早以公司命名的书店和出版机构。第1期时尚无固定的代销处，第2期才在北京、广州、香港设代销处，随之在上海、香港很快发展为多家。在香港设了专门分发行，在苏州、成都、南宁等10个城市有"各埠分销处"。光上海代销处就有10家，外埠18家，国外及南洋36家。当时，因国家战乱，各地方军阀占据一方，没有全国通邮的条件，出版业也尚未形成全国性的专业发行网络，有实力的出版社在重要城市建立自己的分支机构，再以此向其他地区辐射开发批发零售市场，这是当时最好的发行办法了。良友公司在实力尚未达到很强的情况下，为了减少资金压力，将各分支机构的职能、资金与良友公司分离，"各归自理"。发行机构兼营其他业务，"分销本公司各种出版物，代售各书店新书，选办文房用品，体育器具，及各种美术货物"[①]。这

① 《良友》画报第33期影印版。

种灵活的经营管理方式，使良友公司在利用分公司的代理销售功能的同时，也减轻了总公司的资金压力。

股份制经营在当时是较为先进的经营理念，《申报》《新闻报》等大型出版企业已采用了这种先进的资金管理模式。良友公司也于1928年9月27日正式注册为“良友图书印刷股份有限公司”（1927年3月已改名为“良友图书印刷有限公司”）。1929年1月，《良友》画报第34期第一次刊载了公开招股启事，为扩充业务招募资本：计划第1期招股4万元，第2期招股6万元，第3期招股10万元（每股100元，1000股，其中400股向老股东定向募集，另外600股向社会公开发售，公司资本达到20万元。持有10股及以上者即有被选为董事及监管资格）。先进的管理体制使良友公司承担经营风险的能力大大提高，董事会的成立又使公司决策向科学合理方向迈进。资金充足后，良友公司添加了新机器，加设了印刷部，可以同时编辑出版其他书籍和印刷品，事业越做越大了。1928年公司全年营业额超25万元，并已在香港、广州、梧州设立分公司，1931年公司的年营业额已达53.4万余元，同时在全国和海外设立了10家分公司，良友公司进入全盛时期。至此，作为良友公司品牌的《良友》画报，有了强大的经济后盾，从而得以健康发展。

2. 内容制胜，印制精良

《良友》画报的定位是“学者专家不觉浅薄，村夫妇孺不嫌高深”，宗旨是“普及教育，发扬文化”，坚持以视觉传播为中心的理念，内容包括时事新闻、科学艺术、人文风物、都市生活、时尚资讯，集新闻性、知识性、趣味性、时尚性于一体。《良友》画报的选材极其广泛，策划极具匠心。在选材上，以易于识读的图片形式，在全面展示社会生活的同时，不忘融入知识性、科学性、思想性和时代性。其怀国家之忧，亦兼“市井之乐”；提供“感观享受”，更有理性引导；站在历史的高度关注国内外时事变迁，在与读者平等对话的同时达到了思想启蒙的目的。在策划上，利用名人效应，引领各种时尚，每期封面的美女影星图片，带来强烈的视觉冲击力；紧随时代的政界风云人物介绍，提高了画报的层次，孙中山、蒋介石等政要都曾是《良友》画报介绍的对象；文坛名家的参与，提升了画报的品位，鲁迅、茅盾、郁达夫的专栏文章，在介绍都市生活的同时，给人们带来的是文化大餐。《良友》画报的版式设计是 9 开大本，为了所刊内容的清晰和图片的细腻，画报从一开始就选用道林纸铜版印刷，后改用铜版纸影写版印刷，保证了画报的品质。《良友》画报是我国最早采用彩印图文的大型出版物。“良友版”以它精良的品质，在吸引国内读者广泛关注的同时，因信息量大、传播力强，为海外华侨直观地了解祖国提供了方便，在海外侨胞中也极受欢迎。另外，伍联德还积极到海外拓展业务，促进了画报在海外发行量的提升。

3. 品牌策略，整体营销

《良友》画报在内容为王、品质上乘的前提下，为了保有长期读者群，积极开展各种促销活动。如为了“使《良友》画报日趋普遍和巩固”[①],《良友》画报第 57 期刊登整版广告“代征得六份订户的，赠送一份”；在良友公司创业 9 周年的时候，又推出了“10 元运动”，即订户纳费 10 元，可连看《良友》画报 3 年，共 36 期，每年还可以获得 1 册价值 4 角的特刊，另加赠公司的 5 元券书（凭此券可购买良友公司出版的图书）。《良友》画报当时的定价是每期 4 角，订阅全年 12 期加上邮费需要 4 元 4 角，如按 10 元计算，则每年只合 3 元 3 角 3 分，再加上免费赠阅的特刊和书券，即付出 10 元现金，就可收获 19 元 4 角的收益。这一促销活动“即使不贴赔，

① 《良友》画报第 57 期影印版。

也是少利可图的”[1]，但是为了留住老订户，发展新订户，《良友》画报极具魄力地掀起了这次促销活动。这个活动从 1933 年 3 月持续到当年年底，在画报界引起了一阵热潮。同年，《良友》画报还推出了优惠长期读者的 4 条新规：价格优惠，赠送一年一期的特刊，承诺先寄订户再行批发，读者可使用邮票代洋不折不扣。可见良友公司为了保持品牌效应而对长期读者的重视程度。因为《良友》画报与报纸不同，其自身的销售就能带来可观的收益，所以对《良友》画报的促销意义重大。同时，促销也是保持品牌、扩大品牌的重要手段。

① 马国亮:《良友忆旧——一家画报与一个时代》，生活·读书·新知三联书店 2002 年版，第 114 页。

第三章 《良友》画报广告的演变史

第一节 《良友》画报广告的历史综述

《良友》画报在日军入侵上海前的10余年间，刊登广告超过2500则，并配合有多种多样的公关活动，本章就其广告的历史分期、广告分类以及广告主的情况进行分析研究。

对于近代报刊广告的历史分期和分类，许多学者都有研究。这里仅从适合本研究选题的角度，采用合适的观点和理论进行研究。前文述及有学者将《良友》画报在1937年前的发展经历分为了初创期、黄金期和稳定发展期。其广告在不同时期也有所变化，然而其变化对应的时间与刊号并不一定与画报的整体发展相一致。

一、《良友》画报广告的历史分期

从近代广告史范围说，对于近代广告的发展，汪前军的博士论文将其分为三个时期，即1815—1873年的前奏期，1874年王韬创办《循环日报》到1919年“五四运动”前后的发展期，以及“五四运动”后到新中国成立前的完成期。《良友》画报畅销的年代，正是有学者所谓的“黄金十年”的1927—1937年。这一时期的中国报刊业繁荣勃兴，广告业也随之进入高度

续表

序号	刊登页	主题及内容	版面比例
11	第 23 页	广明水电公司	1/8
12		福裕煤号	1/8
13	第 24 页	永安人寿保险公司	1/3
14		友联影片公司：影片预告	1/9
15		孔慈洋行	1/9
16		上海纯记外国纸号	1/9
17		奥迪安大戏院：内部图景	1/3
18	第 25 页	比国上等金海牌雪茄烟	1/2
19		本刊版权及征稿启事	1/2
20	封底	南洋兄弟烟草公司白金龙香烟	整版

* 由上表统计，《良友》画报第 1 期广告版面约占总版面内容面积的 30%—40%。

可以看出，《良友》画报第 1 期的广告版面分配比较简单，但广告版面面积所占刊物面积比例较大，达到了 30% 以上，不过因为第 1 期刊物的页数仅有 24 页，刊登广告 20 则这一数量也不过是《良友》画报 10 余年中整体数量的平均值。

相对来说，《良友》画报在创办成长期更加注重对广告的经营，其做法包括积极联系邻近街道的广告主，甚至为他们进行专题式的整合宣传（参见本章第五节）。第 1 期《良友》画报广告中，有一半是来自北四川路的广告主。在画报发行的前两年，销量处于快速上涨时期。第 13 期时，良友公司在画报广告页上发布迁移启事，该期出版也比往期推迟了一个半月。该迁移启事（见图 3–1）文字为“本公司现已迁至北四川路二十号 B（商务分馆对面伊文思书局隔壁）添加资本，扩充营业。拟于中国资本界作大贡献，印刷界创新纪元……”，可见仅仅刊行一年以后，良友公司便已开始扩大营业规模，这也说明第一年的营销手段取得了较好的效果。

随着《良友》画报销量的一路提升，良友公司的各种出版物也开始陆续发行并取得利润。此时良友公司对《良友》画报的广告经营采取了保守的态度，使其广告数量一直保持在每期 20 则左右。

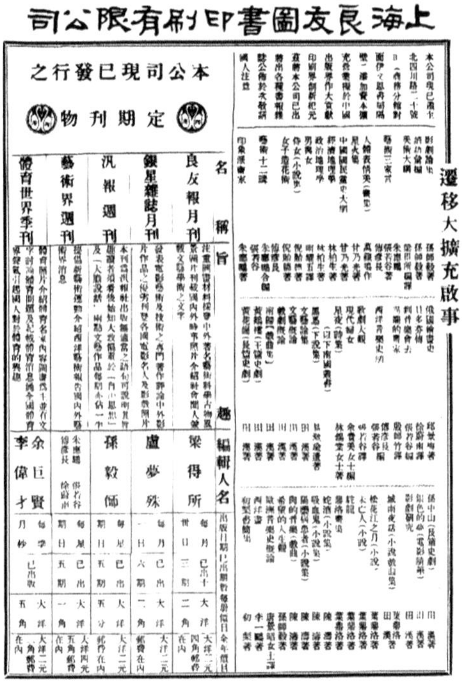

图 3-1 《良友》画报第 13 期，迁移启事以及出版刊物广告（1927 年 3 月 30 日）

而《良友》画报创办成长期间出版的刊物，其出刊时间并不是简单的每月一期，而是以 12 期为一个周期，周期之间会有一两个月甚至更长时间的空档期，而一个周期中的 12 期刊物会保持按月出版。比如，第 1—12 期是 1926 年 2 月到 1927 年 1 月每月的 15 日出版，而第 13 期则推迟到了 3 月 30 日，第二个周期的第 13—24 期也变成从 1927 年 3 月到 1928 年 2 月每月 30 日出版。整个 5 年间，第 1 期为 2 月出版，第 61 期为 9 月出版，这意味着在 60 期的时间跨度中，实际有 7 个月的时间并未出刊。因此成长期的时间跨度为 5 年 7 个月。而在这 5 年中，每个周期开始的时候，相对于上一个周期都会有一些重要的改变，这里仅就与广告经营相关的改动进行说明：

第 13 期是在《良友》画报创刊一年后发行的，此时良友公司搬迁到了更大的工作地点，经营规模扩大，每期页数增至 38 页；第二年，第 25 期，封面改为全幅七色绘图，周期内销量大幅提升；第三年，第 37 期，各地良友分公司资本独立，设计改良，广告及内容中的弧线图形大量增加，整体显得更加精美，第 37 期时销量达到 3 万份，第 45 期时改为影写凹版印刷，这是一种精美又廉价的印刷方式；第 49 期，每期价格增长为大洋 4 角；第

61 期，画报上打出大革新广告，整本页数增至 60 页，设立摄影部，可以自组稿源，其后多数封面明星图在自家摄影部拍摄（之前多数在沪江照相馆等北四川路上的照相馆拍摄）。

进一步考察这一阶段《良友》画报广告的具体特征可以发现，这一时期横幅广告较多，基本与内容页一起排版以填补版面空白，整版的广告页较少，特别是正文页码内一版上有数幅广告组成的页面较少，本书暂将此类页面称为组合广告页（见图 3–2）。在第 49 期之前，组合广告页极少，第 1—5 期尚有出现（值得注意的是，前几期的广告边框设计十分精致）。第 49 期出现了以横幅广告组合成的专门广告页，到第 60 期仍以横幅广告为主。

图 3–2 《良友》画报第 1 期（左）与第 49 期（右）上的组合广告页，在上文第 1 期广告列表中可以看到，第 1 期只有 1 页组合广告，而进入波折发展期的第 61 期则有 3 页组合广告

广告创意和诉求上，这一时期的广告表现均较直白，以呈现家庭场景、展示商品功能为主。第 37 期时，有一则良友公司自制的漫画广告让人耳目

一新（见图 3–3）。该漫画很有中国漫画奠基人叶浅予的创作特点，叶浅予也是在这一时期投身上海画报界创作漫画和广告，在《良友》画报上也经常可以看到他的作品。后期的主编马国亮，就与叶浅予以及同是著名漫画家的黄苗子结交甚笃，从而以新式漫画来绘制画报内容和广告也成了《良友》画报的特色。

图 3–3 《良友》画报第 37 期刊登的良友公司五份杂志的广告，使用了漫画来增强表现力

三、波折发展期的广告状况与特点

《良友》画报第 61 期是其发展史上具有重要意义的一期刊物，此时杂志已经正好发行 5 年（按每年 12 期算），该期刊前第二幅全版广告即向读者介绍《良友》画报第 6 年进行的重大改革（见图 3–4）。文章中提到“良友图画杂志，为本公司代表刊物，创刊至今已满五年，每年有相当之改进，最近之六十一期，为第六年之开始，内容大加刷新，图画文字选采精良，印刷与编排较前更美，篇幅加增，定价仍旧。按此杂志出世五年来，销数

由三千增至四万，篇幅由廿四页，增至五十四页”[①]。

图 3-4　波折发展期的开始:《良友》画报第 61 期刊登“本公司最近举办之四大工作”

本研究将第 61 期作为《良友》画报进入波折发展期的开始，因为其页数的增加无疑是面对广阔市场的一次明智之举，无奈却在极短的几个月时间内便遭遇了重创。《良友》画报在这次革新之前销售量已经接近了其历史巅峰数量，据马国亮回忆，1930 年第 45 期杂志后，《良友》画报的每期销量已经达到 42000 册。[②] 终究，日本的入侵使得《良友》画报的销量无法超过这一纪录，这一重创也是所有中国企业在 1937 年共同的遭遇。

---

① 《良友》画报第 61 期影印版。

② 马国亮:《良友忆旧——一家画报与一个时代》，生活·读书·新知三联书店 2002 年版，第 3 页。

表 3–2 《良友》画报第 61 期广告一览

序号	刊登页	主题及内容	版面比例
1	封二	良友公司最近四大工作	整版
2	封三	良友公司出版两大名著	整版
3	第 4 页	三花牌香霜	1/4
4		保和堂大补丸	1/4
5		上海电力公司	1/4
6		华福麦乳精	1/4
7	第 6 页	柯达镜箱	1/4
8		波罗金笔头	1/4
9		良友出版世界名歌第三集	1/4
10	第 8 页	中国法学函授学院	1/4 竖版
11		陈霆锐律师代表良友告同行书	1/4 竖版
12		中国养鸡学社、养鸡杂志	1/4
13		德国家禽专科学校	1/4
14	第 24 页	司丹康美发霜	1/4
15	第 39 页	堂皇华丽之良友出版物	整版
16	第 48 页	威廉士药房	1/3
17	第 49 页	义成行美眼机	1/4 竖版
18	第 52 页	威廉士大医生	1/2
19	第 54 页	威廉士如意膏	1/3
20	封四	良友公司赵家璧主编一角丛书	整版
21	封底	定阅良友之利益	整版

从表 3–2 可见，第 61 期《良友》画报大幅增加了正文页数，总篇幅超过了第 1 期的 1 倍，但是其广告面积并未增加多少，这就导致了广告比例的大幅下降。在广告的具体内容上，随着良友图书印刷公司其他出版物的丰富，自家的广告占据了较多的版面，第 61 期达到了一半以上。

总的来说，此阶段《良友》画报整体的广告特点大致有以下几点。

（1）良友公司自身的促销活动和广告数量增加：比如在第 70 期中，连出两个整版广告推荐其另一刊物《小世界》。同在第70期中，还有一整版《良友》画报本身的宣传，其宣传口径较以往更加自信而笃定，以大字竖排印刷“中国最早出版之图画杂志，每期刊行四万份，每月读者五十万人，《良友》画报为我国出版界最有价值的刊物，人人不可不看，请从速定阅”。又以小字补充“良友月刊，为中国图画杂志之先锋，创办至今六载，销数日增，备受各界读者欢迎，风行遐迩，国内则康藏云贵无处不到，国外则菲洲澳洲均有定户。皆因内容精美。有令人百看不厌之魔力。一经寓目，莫不成为长久之读者”[①]。第80期，《良友》画报又推出了10元运动，将3年《良友》画报、3期特刊以及5元购书券打包，以10元出售。

（2）诸多新产品新服务的广告出现：比如大中华树胶厂醒狮牌的各种胶鞋、启明制造电池厂的汽车蓄电池、柯达公司的投影机、利夫氏水彩颜料和油画颜料、上海电力公司的大型电灶台、先施百货公司的产品邮寄广告，而此时部分旧日在《良友》画报大量刊登广告的公司，减少了广告的频率或面积，比如南洋兄弟烟草公司，早期占据了20余期的整版广告，在《良友》画报的波折发展期这一阶段，广告数量和面积都大幅下降，在第89期以及相邻月份的刊物中，其广告面积缩减为1/4横幅版面。

（3）第90—99期广告数量大幅减少，第90期仅有6幅广告，第100期时恢复到了正常的数量。因第90期起改为半月刊发行，页数大减，第100期因为百期纪念的缘故，页数和广告数量基本恢复。这一阶段也是继上海遭日军轰炸《良友》画报停刊数月以及梁得所离任以后的第三个波折。这一阶段《良友》画报经营之状况也因此可谓一波三折。

---

① 《良友》画报第70期影印版。

四、成熟稳定期的广告状况与特点

成熟稳定期的《良友》画报，在广告的版面上变得更加沉稳，更加倾向于使用整版的广告页或者四副广告拼成的独立广告页，减少了在内容页上的广告比例。

在成熟稳定期，化妆品广告数量攀升，在第130期中（见表3-3），化妆品广告的数量达到了广告总数的35%，共有7则。而前两个时期的化妆品广告，一般很少同期出现3处以上。航空公司、航空公路建设奖券、电话公司的广告是这一时期出现的新型广告。

表3-3 《良友》画报第130期广告一览

序号	刊登页	主题及内容	版面
1	封二	形象艺术社出版物	1/2
2		良友图书公司出版物	1/2
3	封三	良友图书公司：赵家璧主编世界小说大系	整版
4	第2页	蔻丹修指工具	1/4
5		三花牌爽身粉	1/4
6		儿科专药鹧鸪菜	1/8
7		唐拾义防痨久咳丸	1/8
8	第19页	胡蝶女士肖像商标化妆品	1/2
9	第23页	柯达公司	1/4竖
10		航空公路建设奖券	1/4竖
11	第27页	脑克泰安眠药	1/4竖
12		以罗果子盐	1/4竖
13	第29页	上海电话公司	1/4竖
14		欧亚航空公司	1/4竖
15	第34页	兜安氏美容膏/固牙香膏	1/4

续表

序号	刊登页	主题及内容	版面
16	第 35 页	派克自来水笔	1/4
17	第 51 页	4711 都是谁化妆品	1/2 竖
18	第 53 页	4711 玉容霜与香粉	1/3 竖
19	第 55 页	牛栏牌肥儿代乳粉	1/4
20		窝多露狐臭水	1/4
21	第 56 页	德国家禽专科学校	1/4
22		实验糖果函授学社	1/4

图 3-5 《良友》画报 100 期纪念促销活动，载《良友》画报 101 期（1935 年 1 月）

本书中设定的《良友》画报成熟稳定期，自 1935 年 1 月开始，持续到上海沦陷。第 101 期，即 1935 年第 1 期，《良友》画报推出了系列纪念活动。（见图 3–5）这一期开始，画报改回半月刊，良友公司的整体经营也进入了一个相对稳定的时期。

该时期的广告，相对于前两个时期显得更加精致，变化也更多，尤其是艺术字的使用更加多姿多彩。

整体看来，《良友》画报的广告排版较为常规，多数为占版面 1/3 或 1/4 的长方形，并辅以少数的半版和整版广告，这个版面体例在 10 余年间并未出现颠覆性的变化。不过，随着编辑经验的积累和画报本身页数的增加，许多改良性措施逐步使《良友》画报的广告更加符合杂志的整体规划。罗研对 1926—1937 年出版的 134 期（包括特刊 2 期）《良友》画报上的广告进行了统计，得出这 134 期画报刊登的广告共有2508则，平均每期19则，虽然《良友》画报广告的数量随着每期页数的变化有所增减，特别是更改为半月刊的一段时间，广告数量也有所变化，但变化幅度并不大。销路的畅通和相对稳定的广告主关系使得《良友》画报可以不断地增加刊物的页数，由于后期页数的大幅增加，广告版面呈现下降之势，第61期后（第90—100期为半月刊，比例有所上升）所占全刊比例降到了20%左右，这一比例在最早期的时候接近40%，不过，后期刊物的页数也从最早的24页增加到最多时58页。

在影写版技术应用后，《良友》画报上许多广告开始出现新的变化，包括大小比例上的变化、线框的变化、艺术设计的变化等。影写凹版是一种由欧美传入的先进印刷技术，能使杂志在保持精美的同时扩大版幅，并由于采用的纸张较铜板低价，也节约了成本。

第二节 消费品广告

《良友》画报所刊商务商品广告，以现代产品居多，诸如西洋药品、电灯电筒、化妆日用品以及烟草等等。鉴于《良友》画报对于其刊登的广告种类控制较严，所有与商业买卖，产品推广有关的广告，都归于商务广告这一分类来进行研究。20世纪20年代末，正值《良友》画报创刊，上海的广告人开始大量借鉴欧洲和日本的图片制作技术产出混合风格的作品，"图片里混杂着人像、风景、鸟类、植物和书法"①。这些广告，不仅要增加新产品的收入，还要解释产品的功能并为产品在人们的日常生活中找到合适的

① [美]叶文心:《上海繁华—都会经济伦理与近代中国》，台湾时代出版公司2010年版，第91页。

场景。

民国时期的消费品广告对形塑一种新的生活方式起到了重要的作用，李欧梵的著作中有这样一番描述：“桂格麦片、宝华干牛奶、高露洁牙膏和高露洁肥皂粉。这些产品早已功用性地填满了一个家庭的早晨运作：用牙膏刷牙，麦片和牛奶当早餐，昨日的衣服用肥皂粉洗涤。由此我们从广告所得，轻易地可为一个现代家庭的日用和享受重列一张表：东方贸易有限公司出产的煮饭电炉，上海煤气有限公司的自来火炉（广告上表明了近来中国家庭已多以自来火炉换用煤炉，因这种自来火炉尤适中国家庭冬日之用，以达‘全家卫生’），照相机，摄影店，阿克发和柯达胶卷（一家杂志以用此摄影为荣），电池（Ever Ready），留声机和录音机（Panthe 和 RCA）——尽管还没电话——以及钢笔。”李欧梵又举了《良友》画报第 7 期上海四大百货之一的永安百货公司的整版广告为例，“第 7 期上的永安百货香港分店的广告是一个简洁的镶拼画面：康令克钢笔（一个着西服的男士在使用它），各种棉纱布匹，天鹅牌丝袜线袜，啤酒（Pilsner Art Export），以及一份《良友》画报。对于一个现代家庭的内内外外日常享用来说，这些东西可以说是齐全了”[①]。

一、快速消费品广告

基于《良友》画报的广告特点，本书将商务产品区分为快速消费品和耐用消费品两大类。快速消费品主要是指消费者对其需求量大、消费速度快并且需要重复性购买的产品；耐用消费品则与快速消费品相对，使用周

---

① ［美］李欧梵：《上海摩登——一种新都市文化在中国 1930—1935》，毛尖译，北京大学出版社 2002 年版，第 88—89 页。

期较长，消费速度较慢。快速消费品主要包括药品、食品、个人护理用品等；而耐用消费品则主要包括家用电器、服饰、文体用具等。

《良友》画报广告的快速消费品主要包括药品、食品和化妆品，另外香烟作为民国时期风靡一时的现代商品，在民国广告史上占有重要地位，在《良友》画报上也有其特别的表现。从《良友》画报中也可以看出，快速消费品广告体数量大幅超过了耐用消费品，这与现代广告规律相似。

（一）药品广告

在民国时期，医药广告是相当重要的一个广告类别，在《良友》画报上这一类别的数量远多于其他类别，据统计，医药类广告在前 134 期《良友》画报中（132 期加上 2 期特刊）多达 500 余例。[①]

医药广告的大量出现，并不只是因为商家的大力推广，它与当时国民政府对健康卫生事业的关注有一定关系。截至 1937 年，国民党上海市政府共举办了 16 届卫生运动大会，并将其与国家的文明程度和社会的文化水平联系在一起。这种联系在当今社会是非常明显的，然而对于未进入现代文明时期的中国人来说，是有变革意味的。也许是受到国民党政府的影响，医药卫生广告在民国报刊上的数量繁多，在《良友》画报上，医药广告的数量更是压倒了其他类型的广告，成为刊登次数最多的广告类型。

杨祥银在相关研究文章中列出了当时一些关于医疗卫生广告的主要内容，大致 9 点，主要来自《申报》和《良友》画报的广告，其中，虎标永安堂的广告强调了市政与健康的关系，“市政改良，为今日当务之急，如翻筑宝山路及大统路……此均为今日市政治设施，见诸实行者、市民卫

---

① 罗妍:《〈良友〉画报广告研究》，厦门大学硕士学位论文，2008 年，第 23 页。

生……夏令将界……霍乱吐泻、绞肠痧症、宜服虎标万金油”[①]。（上海虎标永安堂广告，《申报》，1928年5月9日）而同一月份的《良友》画报也有虎标永安堂的广告，该幅广告面积达到半版，是《良友》画报广告中占据版面相对较大的，但诉求却完全不同，以宣传虎标永安堂药品的功能为主。

民国时期的药品广告由于有相对较长的发展历史，许多药堂和医药公司形成了以文案为主的广告表现方式。其中将这种风格发挥到极致的可谓韦廉士药房，韦廉士每期广告必举一个生活中治病实例，以证实其功效。杨祥银的研究也举了《良友》画报上散拿吐瑾系列广告的文案，其中每则必以“如欲新精力与新健康”开头，“在这种广告论述中，健康被作为一种促销手段被消费，同时它还作为一种新的生活方式被潜在的消费者所想象”[②]。

（二）时尚消费品：化妆品与香烟

在民国时期的报刊广告中，化妆品和香烟是最常见的时尚消费品。化妆品广告也是《良友》画报上重要的一类，其与《良友》画报对女性形象的建构主旨密切相关。而香烟在当时也是一种与形象相关联的装饰品。化妆品是女性现代形象的重要支撑，虽然中国古代妇女也使用胭脂香粉一类的化妆品，但西洋化妆品和化妆技术的出现仿佛改变了女性美的表现方式。香烟也在民国时期成为改变女性形象的道具，我们在后面的章节也将分析香烟广告与新的世故女性形象的建构。女人使用的化妆品和男女都随身携带的香烟，已经成了上海市民表明身份的重要表征了。

较早在《良友》画报上刊登广告的化妆品中，第7期的高露洁（时

---

① 杨祥银：《近代上海医疗卫生史的另类考察》，载《清以来的疾病、医疗和卫生——以社会文化史为视角的探索》，生活·读书·新知三联书店2009年版，第343页。

② 同上书，第349页。

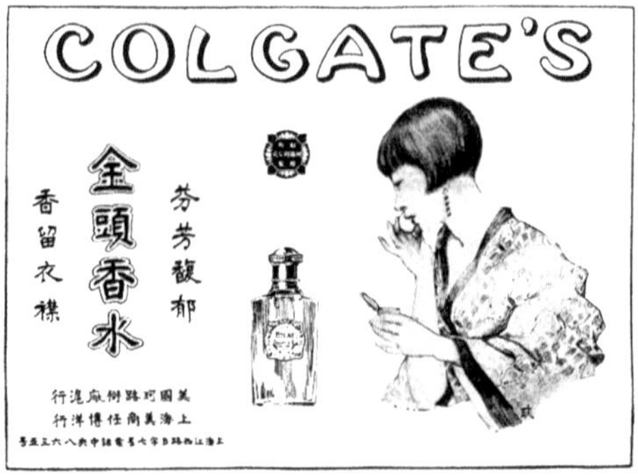

图 3-6 《良友》画报第 7 期，第一次出现化妆品广告，1926 年 8 月

称“珂璐馡”）金头香水（见图 3-6），该广告为化妆品类广告在《良友》画报上的第一次亮相。王金阳在研究申报化妆品广告时，将其分为 6 个类型，分别是：“头部产品、脸部产品、牙膏牙粉、香皂药皂、香水、粉类。”[①]《良友》画报 10 余年间（1926—1937）共刊出化妆品广告 170 余幅，仅次于医药和食品广告。在《良友》画报 132 期前居于刊登广告类别数量的第三位。接近 200 幅广告中，这 6 个类型的产品一应俱全，有些品牌的广告则一次性涵盖了数个类型的产品。

《良友》画报上的化妆品广告，以西洋产品居多，其中珂璐馡（高露洁）为美国生产；4711 为德国产；蔻丹、三花为英国生产；还有法国的西蒙等。可以称为国货的化妆品却寥寥无几，只有以胡蝶为代言人的蝴蝶牌化妆品曾短期出现在《良友》画报上。

再说香烟广告，叶文心书中提到“烟草商和制药商是形象产业兴起的背后金主，他们首开风气之先，内部设有广告部门。英美烟草公司于 1902 年为产品广告设立一个部门；他们的竞争对手南洋烟草公司和华成烟草公司也纷纷效仿”[②]。南洋兄弟烟草公司在 20 世纪 20 年代已经到了一个经营的关键时期，此时正是全盛时期，随后英美烟草公司借助英美租界政策之利，

① 王金阳：《民国时期女性形象的嬗变——以〈申报〉1910—1936 年化妆品广告为例》，硕士学位论文，山东大学，第 20 页。

② 叶文心：《上海繁华—都会经济伦理与近代中国》，时代出版公司 2010 年版，第 91 页。

逐渐在市场上压制了南洋兄弟烟草公司。南洋兄弟烟草公司在《良友》画报创刊之时就开始投放封底整版广告，然而由于1927年国民党政府颁布了有利于外商的税收政策，南洋兄弟烟草公司的市场销售也每况愈下，刊登的广告数量和版面在一年多的时间里开始严重缩水。

良友公司与南洋兄弟烟草公司的合作应该是相当合拍的，良友公司对国货一向持有同情和支持的态度，这一点可以从大量国货产品的广告中看出。除了南洋兄弟烟草公司的广告，其他烟草公司的广告很少出现在《良友》画报上。

香烟在上海的迅速普及，甚至成为一种风尚，男士吸烟以表示地位和身份，女士吸烟以彰显气质和魅力。化妆品则以女士使用为主，摩登上海妇女的消费能力不能小觑，化妆品的广告数量多少也说明了这一点。香烟与化妆品构成了民国上海男女的潮流形象和休闲表征，同时也象征着其地位和风格。

（三）食品广告

食品作为快速消费品中的最典型代表，在《良友》画报上的广告数量也不少。其中包括被诸多研究者提及的宝华干牛奶广告，以其整版广告中将健康与民族强盛联系起来的大字文案而受到关注，以及克洛格玉米片、华福麦乳精（见图3-7）等。

图3-7 《良友》画报62期，华福麦乳精广告

《良友》画报上的食品广告普遍以健康营养的特质为宣传重点，比如华福麦乳精的广告，就着重

强调其包含了牛奶、鸡蛋、麦精这三种原料的营养。强调营养和功能，是外国产品带来的新理念，这种营养和功能是以西医科学为基础的。许多外国的健康产品在这一时代迅速流行起来，比如维他赐保命和以罗果子盐，两者的广告都是以强调强身健体的神奇效果为主（见图 3–8）。比如《良友》画报第 129 期，二者的广告出现在同一页上，占据了竖排的半个版面。这两幅广告的共通特点是，强调了强身健体的作用，但并未解释其强身健体的原因。这也显示了在欧美广告史上流传的“秘方药”传统。“秘药商贩的陈旧产品被改造成了流线型，大力强调‘整齐的规律性’，以更加适应现代生活的新节奏。甚至连美国人的食谱也得到了改善……”①

图 3–8 《良友》画报第 129 期，维他赐保命和以罗果子盐的广告

纵观《良友》画报上的食品广告，大多是西洋传来的精密包装的工业化食品，在各大商店洋行进行大规模销售。克洛格玉米片就是在《良友》画报上长期出现的食品广告（见图 3–9）。第 129 期的广告上说明了其包装方式，“克洛格乃直接乘热封

① ［美］杰克逊·李尔斯：《丰裕的寓言——美国广告文化史》，任海龙译，上海人民出版社，第 120 页。

入腊袋”，“认定克洛格因其制造精良，封装严密，滋味香美”。同类型的桂格麦片广告曾经刊登整版广告强调其铁罐的高压封装技术如何优秀。包装的优秀也是西洋食品可以在当时的中国迅速流行的一个原因。然而，食品的工业化也不仅仅是一种经济进步，同时也是医疗卫生领域取得的巨大成就，从而成为时代精神中的一部分。

图 3-9 《良友》画报第 129 期，克洛格玉米片广告

二、耐用消费品广告

《良友》画报上的耐用消费品广告也以现代用品为主，第 1 期就出现了光明电器制造公司的电气熨斗广告，其后每期出现的数量比较平均，至第 132 期总计出现了 160 余则，具体产品包括了熨斗、手电、照相机、钢笔、颜料、服饰鞋袜等，这一类型的广告以与《良友》画报主旨的契合性高为特征。比如美国柯达公司和四川路的矮克发洋行分别刊登的摄影器材广告，数量和地位相对其他刊物明显高得多（见图 3-10）。因为《良友》画报本身是以摄影为重要主题的画报，对摄影的推广和摄影作品刊登的数量都是一时无二的，其广告效果因为与内容的互相配合而大大提升。

图 3-10 《良友》画报第 128 期，柯达新型相机广告

（一）电器产品

这里说的电器产品，是指一切利用电力的耐用消费产品。《良友》画报广告中的电器产品数量不算多，主要是几个上海本地电器制造公司和外国公司生产的产品，理所当然的是，所有电器产品都是极具现代性的产品。作为第一个使用电力的中国城市，当时上海的电器普及程度是最高的，《良友》画报的阅读群体又是相对具备购买电器能力的消费者群体。所以这些中国的电器公司和外国厂商都在《良友》画报投放了长期系列广告。

永备电筒的系列广告，就是投放时间较长的外国厂商产品广告，其广告风格一以贯之，比较特别。其广告版式基本都保持为竖长方形，辅以电池形状的线框，并以一个应用电筒的事例为广告的主题，比如《良友》画报第 54 期的广告（见图 3-11），题目为“一大提防”，广告中文字为“适当深夜，自舟登岸，偶一失足，或致落水。试按永备电筒，发为明亮不误之光头以照之。永备电筒装以永备牌电池，非常有力，非常耐用，非常可靠。诚全球手电中之最精美者。各处上等电料店均有出售，谨防伪品冒充”[①]。广告中还有电筒和电池的绘图，一则广告宣传了相关联的两件产品，这也是民国时期广告的常用方法。接下来的第 55 期，永备的广告变成了位于一个画出来的大电池之中，该电池即永备产的 950 号大电池，而永备电筒则居于陪衬地位，文案写道“全球最精美之电筒用电池”，始终强调了永备电池与永备手电的关联。永备的每个广告都强调了不同的场合和产品特质，有学者在研究《申报》广告时，发现了外资广告的一些特点，“除了画面简洁，版面大外，外资品牌广告的另一特点就是成系列，每个广告突出一个优点”[②]。《良

① 《良友》画报第 45 期影印版。

② 林升栋：《中国近现代经典广告创意评析——〈申报〉七十七年》，东南大学出版社 2005 年版，第 46 页。

友》画报上的外资广告也有此特点，外资广告基本都是成系列的，永备的广告就是一个代表。

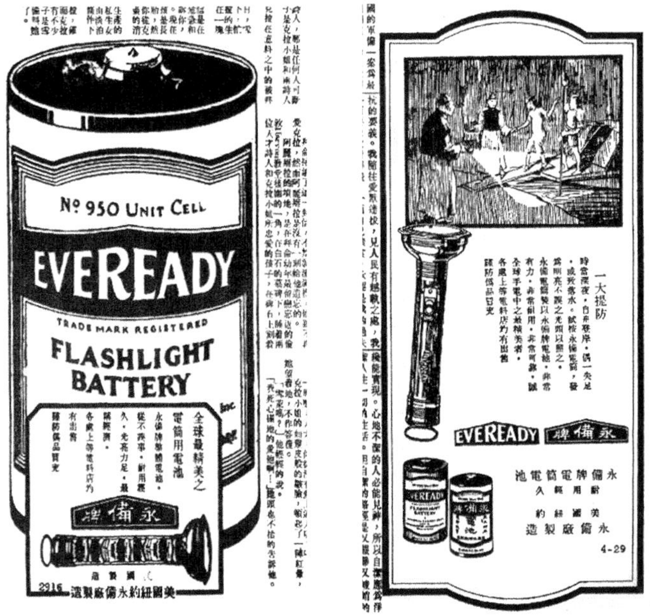

图 3-11　左:《良友》画报第 54 期永备牌电筒广告；右:《良友》画报第 55 期永备电筒广告

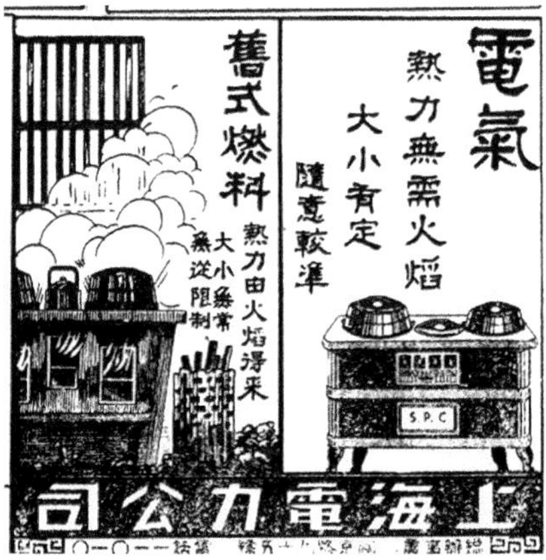

图 3-12 《良友》画报第 100 期，上海电力公司广告

电器广告随着《良友》画报刊数的推进，种类不断扩大，在第 100 期上，出现了上海电气公司的电火炉广告，并将其与旧式燃料对比（见图 3-12）。这种电器灶也富有现代性的象征意义，可以将女性从油污烟熏的烹饪环境中解救出来，从而真正成为一个现代的新女性。

（二）穿着服饰

穿着服饰的广告，在《良友》画报上并不多，以服饰之用料为主，然而《良友》画报对于服装潮流的影响却相当不小，经常会邀请画家设计一些流行衣服款式，刊登在杂志上。在第 29 期中，万籁鸣设计了秋冬时装图数幅，刊发后被南京路的一家叫鸿翔旗袍店的商家模仿裁制，生产出了短式旗袍，竟然风靡一时，甚至促成了海派服饰风格的形成。另外，明星封面和新女性专栏也是展示服装风格的重要窗口。

依靠《良友》画报对服饰潮流的影响，诸如维也勒毛绒一类的牌子在《良友》画报上长期刊登广告（见图 3–13）。维也勒属于英国著名服装品牌，其广告强调：“维也勒系英国著名毛织品，物质幼结轻薄，裁制华服内衣，温暖舒适，爽身吸汗，故为上流社会极端欢迎也。”维也勒毛绒是一种羊毛和棉花混纺的布料，作为新兴的产品，广告以介绍自身功能特点为主。

图 3–13 《良友》画报第 100 期，维也勒毛绒广告

《良友》画报对于服饰潮流的影响，重点在于其刊物内容，服饰广告则相对较少，但是由于大量出现的女性形象中包含了多种多样的潮流服饰，其对服装界的影响不是广告数量上能估算得出的。

《良友》画报中的这些消费品广告，形成了一种合力。“到了 20 世纪二三十年代，让人吃惊的是，食品、服装、家用物品和化妆品广告全都象征着人类文化彻底击败了大自然，代表了一种急切的愿望，要将一切生物迹象从个人生活环境中彻底根除。”① 这种消除的渴望，使得新文化运动之后的中国人的消费精神变得更加高昂和亢奋了。

第三节 文教广告与服务广告

《良友》画报上的文教广告与服务广告基本可以分为书籍刊物、教育广告和服务类广告。与消费品广告不同的是，这些广告通常与良友公司自身的业务相关，其广告主也大多是与良友图书印刷公司有一定的合作关系的。

一、书籍刊物广告

《良友》画报刊登的书籍刊物广告，绝大多数是良友公司自己刊登的广告。良友公司作为商务印书馆的效仿者，也将出版书籍作为自身的主要业务之一。其自身出版的书籍，也基本都在《良友》画报上做过广告，也正是因为如此，《良友》画报的广告类别构成中，书籍广告占了相当大的比例。赵家璧在文章中回忆：“我虽未直接参加过这个画报的编辑工作，但我那漫长的文艺编辑生涯，是在这个画报创办人伍联德培养下迈开第一步的，而三十年代几百种良友文艺新书的出版信息，无一不是通过这个画报最早传递给广大读者；在该报的广告页上，留下了我走过的足迹。”②

---

① ［美］杰克逊·李尔斯：《丰裕的寓言——美国广告文化史》，任海龙译，上海人民出版社，第 124 页。

② 赵家璧：《〈良友画报〉二十年的坎坷历程》，《新闻与传播研究》1987 年第 1 期。

（一）良友公司的刊物广告

良友图书印刷公司出版的定期刊物，据相关统计达 13 种之多，每一种都在《良友》画报上刊登过广告。其中便有以电影及相关介绍为主要内容的《银星》月刊。

在第 6 期，《良友》画报上出现了对《银星》杂志的介绍，称其不日出版，宗旨为“专发扬中国电影艺术”，此外强调了图画特别精印，每期售价大洋二角。该广告是良友公司准备出版的第二种刊物的先行预告，在第 8 期，《良友》画报上出现了《银星》杂志正式发行的整版广告，并在内页继续刊登小幅广告，对宣传自家刊物的重视显而易见。

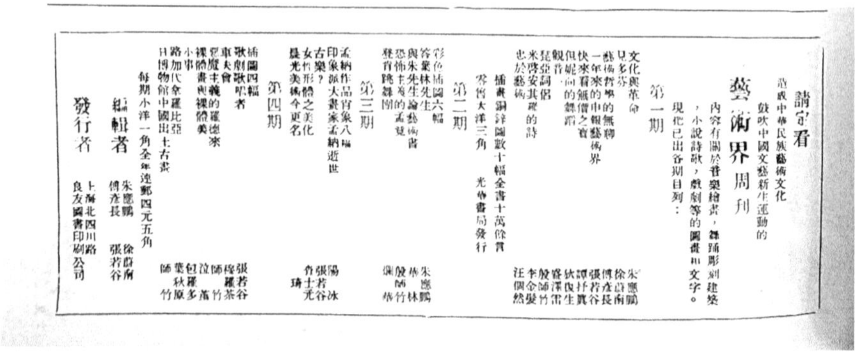

图 3-14 《良友》画报第 13 期,《艺术界》周刊的广告

图 3-14 是 1927 年《良友》画报上的另外一则刊物广告，广告形式非常简单，目的是宣传良友公司最新准备出版的《艺术界》周刊。该广告列出了《艺术界》准备出版的前四期刊物目录，以及编辑发行者。这一时间点正是《良友》画报出版满一年零一个月,《良友》画报的大获成功使伍联德不断开始新的出版尝试。

在创刊两年后的第 25 期上，良友公司的另一份出版物《今代妇女》的广告也登上了《良友》画报的整幅广告页（见图 3-15），这之前，同属良

图 3-15 《良友》画报第 25 期，《今代妇女》整版广告

友公司的《中国电影》杂志、《银星》杂志和《体育世界》也都各自创刊并在《良友》画报上刊登了广告。这些杂志与《良友》画报的核心追求基本一致，从这些广告中也可以看出。《今代妇女》以宣传妇女的新形象为主旨，并刊登大量仕女名媛的照片。该广告中即标出第 1 期所登的妇女玉照目录，以宋子文夫人的玉照为封面，内页中有冯玉祥夫人、蔡元培女儿等人的照片。图片部分应用了良友的著名双鹅商标，表征了《今代妇女》作为《良友》画报延伸读物的地位。此刊之前命名为《现代妇女》，前期办刊宗旨为“以文字在政治、教育、家庭、职业上从事努力”，而此时更改为“妇女之良友”①，在广告上也直接与《良友》画报绑定，欲借助《良友》画报已经获得的名气提高销量。

到了《良友》画报发展到后期后，由于战火的蔓延，良友公司出版了多种与战事有关的特刊和期刊，特别是三本杂志《战事画报》《战事画刊》和《第二次世界大战画报》；还有“一·二八”事变后出版的 5 部特刊在《良友》画报第 65 期上合并刊登了整版广告（见图 3-16），分别是《上海战事画刊》《甲午战事画刊》《日本侵占东北真相画刊》《黑龙江战事画刊》《锦州

① 吴果中：《〈良友〉画报与上海都市文化》，湖南师范大学出版社 2007 年版，第 197 页。

战事画刊》。这些画刊每册售价均达大洋 5 角，其中上海战事还分为 3 集，每集 5 角。良友公司在当家画报《良友》画报上大幅刊登自己出版的其他刊物广告，合理利用了自身的资源，也使整个公司的业务成了一个有机的整体。

图 3-16 《良友》画报第 65 期，上海遭日军空袭后延期出版，上面刊登了良友公司将要出版的几部关于日本侵略战事的画刊

（二）良友公司的系列丛书广告

商务印书馆至少从 1904 年起，就在全国各大报上刊登书籍广告。其“广告意识非常超前，在当时书籍广告尚不普遍的情况下，它就在《申报》《大公报》《益世报》等近代大报上做广告，并从未间断”。良友公司无疑学习了商务印书馆对广告促销的重视，在 1927 年，良友公司拓展了出版业务后，自家的书籍刊物广告开始出现在《良友》画报上。良友公司总经理伍

联德也一直与商务印书馆保持着密切的联系，《良友》画报早期的影写版就是在商务印书馆的机器上印刷的。

良友图书印刷公司聘请了赵家璧、孙师毅等人主持出版系列图书。据相关学者统计，《良友》画报全部 172 期共刊载书业广告 900 余例[①]，而在本文研究的前 132 期刊物中，书刊类广告的数量为 200 多例，这一巨大的数量差距从侧面说明了良友公司的出版物数量逐年增多的趋势，因为这些广告中的书刊绝大多数是良友公司自己出版的。

系列丛书中最有名的是《良友文学大系》和《中国新文学大系》，这两个系列的广告经常占据《良友》画报的整版广告。前面介绍过，良友公司最著名的几个系列丛书都由赵家璧主编，《良友》画报的众多书籍广告上也烙下了赵家璧的印记。

图 3-17 《良友》画报第 80 期，《中华景像》广告

在《良友》画报进入波折期以后，书籍广告的数量也不断增加，其设计也愈加富有创意，比如第 80 期的《中华景象》广告（见图 3-17），作为整版广告，其实际的广告内容占了一小部分，而其他部分版面则填充了彩色的图案，其图案的底色非常丰富，在当时的画报中也是十分显眼。

当然，《良友》画报上的刊物和书籍广告由于多数是自家出版，有时也会用来临时填充空位和未出售的广告页。

① 王丽丽：《浅析 1945 年前〈良友画报〉中的书业广告》，《山东图书馆学刊》2011 年第 5 期。

然而这方面难以找到相关资料辅证，无法确定究竟有多少广告为临时安排，因此本研究将良友公司的自身广告一概视为整体策略性广告，而非临时安排的。

二、教育广告

《良友》画报上的教育广告数量相对较少，但颇具特色，比如说在《良友》画报上长期刊登的中国养鸡学社广告（后文另有介绍），其他广告也大多为函授类广告，比如法学函授课程、肖像画法函授等。

职业学校和函授学校在民国上海逐渐增多，是因为20世纪早期的西式学院和大学不足以应付年轻一代的需求，绝大多数的青年实际上无法获得合适的高等教育。据相关统计，1920年后，不到一成的江苏中学毕业生能上大学[①]（中学毕业生的基数本身就不高）。“在上海，与职业教育菁英同时的，还有愈来愈多城乡背景都有的中低阶层年轻人，他们渴望过中产阶级的生活，却对自己的前途感到渺茫。在这种环境下，职业教育的构想深受欢迎。职业教育鼓吹努力工作和持续训练可促成社会进步的观念，鼓励年轻人把精力集中在使用知识上。”[②]著名的教育家的黄炎培，正是当时职业化教育的热情鼓吹者，他本人就推动创办了中华职教社。“由于职业教育具有社会化的特征，用黄炎培的话来说就是办理职业教育，并须注意时代趋势与应走之途径. 社会需要某种人才，即办某种学校。”[③]因此，在上海发展的

---

① ［美］叶文心:《上海繁华——都会经济伦理与近代中国》，时代出版公司2010年版，第55页。

② 同上。

③ 吴文华:《民国职业学校校长状况研究》,《职教论坛》2012年第12期。

黄金时期，大批职业学校相继建立，相应的教育广告也如雨后春笋一般大量出现。

在《良友》画报上刊登教育广告最多的是中国养鸡学社，该社以函授和出版养鸡月刊为特色，在后文广告主研究部分还将提及。另外，法学函授学校和艺术函授学校（肖像画学院）也有多次广告，前者乃是民国时期流行的重要学科，后者则是与《良友》画报主旨密切相关的艺术专科。

肖像画学院的广告也强调了社会对职业技术的需求：“肖像画为一种高超美妙的特殊艺术，社会需用极大。本院为发扬艺术、广植人材、打破退化式私利主义起见。特将秘诀捷径，九年来以独特法公开函授，信誉卓著，成绩惊人。故虽全无图画经验，保证短期成功，无论娱乐谋生，均能使学者得到意外的愉快。备有成绩与章程，函索即赠。”[①]（见图 3-18）该广告强调了肖像画作为一种职业技能的社会需求，并认为函授行为是打破所谓“退化式私利主义”的一种有效方式。在一个迅速走向开放的国家，对新知识的需求是极大的，技术固然日新月异，但在当时分享知识的条件还是很有限的，除了读书看报、亲身上学以外，函授就是最新的选择了。基于模仿西方的现代性的邮政系统（从《良友》画报的广告中可以看到，百货公司也利用当时的邮政系统开展了邮购），以及在报刊上大量出现的广告，函授成了一种新型教育方式。

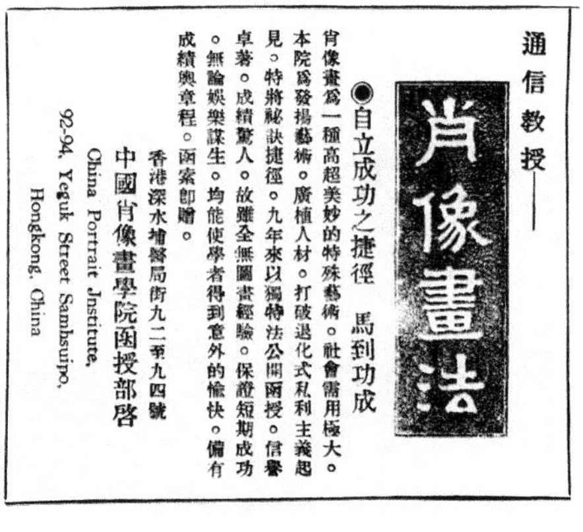

图 3-18 《良友》画报第 71 期，通信教授——肖像画法广告

① 《良友》画报第 71 期影印版。

三、服务广告

《良友》画报上刊登的服务类广告并不算多，但却有与其风格切合的特色，最多的是印刷服务类广告，这一类广告的投放，通常是因为广告主与良友公司有业务往来，比如长期在《良友》画报刊登广告的位于静安寺路的金星制版所，广告语便让人对它与良友公司的关系一目了然，即“本报铜锌版之制造者”。这两个公司的合作应当是十分密切的，因为在后期的《良友》画报中出现了良友编辑、著名艺术家万籁鸣亲自为金星制版绘制的广告，甚至还签上了自己的名字（万籁鸣与他的 3 个兄弟是中国动画的鼻祖，著名动画片《大闹天宫》的主要作者，他曾为《良友》画报绘制诸多漫画）。

除了印刷服务广告，刊登数量较多的还有永安人寿保险公司的广告（见图 3-19），保险作为一种西洋传来的现代金融服务，在《良友》画报上进行宣传是一种合理的选择，因为当时能负担保险的消费者基本上都是社会收入中上层的人士，也是购买《良友》画报的主力人群。而永安集团作为资本雄厚的大公司，在上海已经有了一定的知名度，其保险广告专注于向读者宣传保险对于养老之作用，引导读者对未来投资。

图 3-19 《良友》画报第 7 期，永安人寿保险广告

图 3-20 《良友》画报第 89 期，先施百货公司邮递广告

随着社会经济文化的发展，《良友》画报上出现了诸如航空公司广告、彩票奖券广告、电话公司广告、百货公司邮购广告等现代服务广告。这些广告都很值得注意，其中上海先施公司的邮购广告尤其特别，其针对的消费者是中国内地的居民，广告中有说明“内地欲采购优良货品诸感不便，本公司特设邮寄部，服务周详，供应敏速。凡学校公团或家庭中购求在内地未有出售或虽有而不合于用之货品，只须邮局可以寄达，概可通信邮购”（见图 3–20）。可见上海先施公司此时已经敏锐瞄准了因战火连绵和发展不平衡导致的内地货物匮乏，而且突出了通过邮局送达、服务安全快捷的优点。

自第 102 期，上海电话公司开始在《良友》画报上刊登广告。第 105 期上的上海电话公司广告（见图 3–21），向读者们展示了电话的便利之处，其以朋友般的亲切语调写道：“‘我们觉得电话是我们最亲密的朋友：无论什么时候，无论什么事情，我们都可以叫它帮忙。’诸位当然也须装一架电话在府上：它能够节省您的时间和金钱，又能够给府上各位一种愉快和安稳的感觉。”在《良友》画报的官方网站上，有一篇对此广告进行分析的文章，其中评价道：“上海电话公司广告中所显现的‘我们’与‘诸位’的关系，其实并不仅限于电话服务售卖方和消费者这样的意义，本质上反映的是先进的西方工业文明，在面对那些生活在中国这个古老国度的“新文化”追崇者之时，采取的某种看似自由平等，实则居高临下的文化姿态。”也许《良友》画报上的现代产品和服务广告都或多或少地表现出了类似的姿态。

图 3-21 《良友》画报第 105 期，上海电话公司广告

第四节 具有广告性质的其他内容

一、明星封面

明星封面是《良友》画报自创刊时便确立的重要特色，也是其销量成功的重要保障。学者们对于《良友》画报封面女郎的研究颇多，吴晓东认为，关于《良友》画报封面的研究，“集中反映了《良友》画报视景的双重性与驳杂性”[①]。徐沛在博士学位论文中探讨了中国近代画报的视觉文化。论文的第一部分即以女性图像的现代功能为题。“女性形象除了作为对象被展

① 吴晓东：《〈良友〉的世界视野》，《中华读书报》2012 年 12 月 12 日。

示而被男性观看，被读者消费，从而完成其商品化过程以外，还以符号的形式依附于其他商品而完成其商品化的过程。”①《良友》画报正是借助女性形象这一新的消费商品，成功打开了市场。

封面的重要性是《良友》画报的众多研究者一致强调的，虽然无法量化其对画报整体销量的影响，但对比其他刊物而言，《良友》画报一直以来都保持了在印刷技术和女性形象设计上的领先。《良友》画报第 1 期即采用了民国时期著名影星胡蝶为封面摄影女郎，这也许是第 1 期便能热销 7000 册的重要原因。其后，胡蝶一直是《良友》画报的忠实读者和热心的宣传者，曾屡次到编辑部拍摄照片，并为《良友》画报上刊登的广告产品代言。

《良友》画报的封面摄影在第 61 期设立摄影部之前，是在上海的几个知名照相馆拍摄的，其中绝大多数是在沪江照相馆拍摄的。在创办成长期，多数《良友》画报封面的下方，都会附有拍摄地点，一般是三个字如“沪江摄”。这无疑形成了一个互相提携的行业关系，《良友》画报不仅为照相馆，而且还为整个摄影行业打了广告，而众多照相馆也帮助《良友》画报拍摄了诸多封面或内文照片。《良友》画报在前两年出版的 24 期刊物上，封面照片约占 2/3 版面，仅以单色进行印刷。从第 25 期画报起，封面女郎照片扩展到整个页面，刊名、刊期等文字信息标于照片合适位置上。这种整幅照片极具视觉冲击，能从期刊杂志堆里脱颖而出。紧接着的第 29 期封面还采用颇为先进的人像着色，栩栩如生的女郎形象更加赏心悦目，成为大众津津乐道的可餐秀色之地。②这种技术即照片摄影后由美术师人工上色，

① 徐沛：《图像与现代性——中国近代画报视觉文化研究（1884—1937）》，四川大学博士学位论文，2008 年，第 32 页。

② 周为筠：《杂志民国——刊物里的时代风云》电子版，金城出版社，当当网，http://read.dangdang.com/content_983788?ref=read-2-D&book_id=5462，2009.

人物形象清晰又富有图画的美感。《良友》画报早期封面图片的背景大都是单色调，凸显人物的形象，图片也多在摄影棚内拍摄。第68期之后的封面，背景更加丰富，也有了室外拍摄，看上去更加自然逼真。前24期，在封面人物图片下方有姓名介绍，从第25期起，移到刊物内页中以目录形式标出。良友公司的地址则始终印制在封面的下端。[①]

《良友》画报的封面很快成了民国上海极有影响力的媒介，这份画报从一开始就摒弃了流行的月份牌似的画像，创刊号封面即采用“胡蝶恋百花”，刊登了日后大红大紫的影星胡蝶的玉照。那么，为何不采用之前那种描摹绘画呢？因为当时摄影技术逐渐进步，人物照片已具有礼仪性和情感性的社交功能，人们会把自己的照片签名题诗送人，以作为缔结友谊的方式。所以，《良友》画报选择摩登女郎照片来诠释“良友”，用标注公众人物真实姓名来展示丰富多彩的都市文化，为画报带来现实感和吸引力。

明星封面对于《良友》画报来说，是无可替代的自身广告，这对杂志销售的帮助，不输于任何其他的宣传方式，就像是先施等百货公司的临街橱窗一般。李欧梵认为，《良友》画报中关于女性形象的封面、照片和广告，展示了不同季节女性的穿衣品味和时尚风格，但同时“时尚意识只在有关女性时髦的照片和图片中起很小的作用”。而这些女性封面，第一时间向《良友》画报的读者传达了画报的一个主旨：“女性是一种美的表现。因此女性美在古今美术界占一重要位置；而近代中外出版物的封面用女性美的，多至不可胜算。”[②]《良友》画报的封面女郎们都是有自立能力的现代女性，她们是女明星、女运动员、社会名流，是中国女性的新榜样。因

① 李春宇：《〈良友〉封面对女性形象的建构研究》，黑龙江大学硕士学位论文，2010年，第10页。

② 《良友》画报第11期影印版。

此，在民国时期，若论善于宣扬现代女性美的媒介，《良友》画报应是佼佼者。

二、电影介绍

《良友》画报中的电影介绍大多是作为主要内容出现在刊物较重要版面，有些甚至是以专题的形式制作的，这种专题的形式很有可能是与相关厂商共同策划的，也因此有可能如同最早的宝华婴儿摄影大赛一样是一种公关活动。

比如，第100期《良友》画报刊登了长达20页的电影专题（见图3-22），除介绍各电影公司新近作品与明星演员外，还包括各公司负责人的介绍，并且还插入了各公司的电影广告，规模颇大、设计华丽。在其中《中国影业概况》一文中，开篇致谢："本文刊载关于目前中国各家影业公司之历史、组织、营业及出品等之状况，并蒙联华金警宇君，艺华陈丹君，明星高季琳君，及电通周伯勋君等之惠赐稿件，特此声明并表感谢。"① 此声明可以证明良友公司与各大影片公司均有业务上的联系，此专题也有联合活动的意思。且该专题的头一页，是联华公司的整版广告，其他公司的广告也在后续页码中相继插入，足见其广告与专题的安排是紧密联系的。

"《良友》画报对于电影的热心在某种意义上可以解释为是对于电影消费的敏感，进而通过她的报道建立起电影消费与杂志消费的等号。"② 对于这个说法，刘永昶举了《良友》画报第62期刊登的"上海的影戏院"这一专

---

① 《良友》画报第100期影印版。

② 刘永昶：《大众文化认同与消费主义策略——论〈良友画报〉的电影栏目叙述》，《南京艺术学院学报》2008年第2期，第95—100页。

题为例，专题刊出了上海 20 多个电影院的照片，这些照片构成了摄影版的上海观影指南，也相当于为电影院做了一次行业宣传。《良友》画报对于电影这种新兴的文化产品进行了消费主义的建构，与其他商品相同，在用消费主义建构起了画报中的上海奇观后，《良友》画报也就自然成了上海娱乐消费指南。

图 3-22 左:《良友》画报 100 期电影专题内容第 1 页，“一年来中国银坛轶事图录”
右：电影专题内容之“外国影片驻华经理”，以及环球影片公司广告等

三、战争宣传

在 1931 年，《良友》画报因为日本空袭上海而停刊 4 个多月，但是战争给良友公司带来的也并不只是苦头。杰克逊·李尔斯认为，第一次世界大战是“广告人一个绝佳的机会”，“战争激发了新的进步信仰高潮，大力

宣扬‘公共宣传’的有益性”①。

在“九一八”事变日本占领东三省后，《良友》画报上出现了大量战争宣传专题，良友公司画刊编辑部也立即动手出版了关于日本侵略战事的图集。第65期作为“一·二八”事变后的第1期刊物，连续刊载了编辑部成员撰写的战争评论系列文章，包括署名虚舟（郑伯奇的笔名，左翼运动开创者之一，1932年任职于良友图书公司，并与夏衍、阿英一起进入明星影片公司，任顾问和编剧）撰写的《第二次世界大战之危机》、赵家璧的《中国兵》、马国亮的《沙场前奏曲》等。这期之后，《良友》画报上战争的主题文章、照片、绘画作品不断增加，显示了战争时期《良友》画报读者的注意力已经相当集中于战事战况。

这种对于战争的宣传可以说是自发的，也是大势所趋的，1931—1937年，在尚未被战火波及的上海，良友公司进入了一个波折发展的时期。这一时期，上海第一大报《申报》刊发了大量左翼作家的言论和作品，很受读者欢迎。由此可见，战争时期的报刊读者对于战争宣传性的文章是具有渴望的，《良友》画报在重新启用影写版大开本后，其精美的图片宣传自然也成了这些读者了解战事的一大窗口。这种宣传活动，一方面符合受众预期的议程，另一方面也是一种公共宣传活动。这种公共宣传提升政府军队形象，鼓舞人民抗日热情。

---

①［美］杰克逊·李尔斯:《丰裕的寓言——美国广告文化史》，任海龙译，上海人民出版社，第124页。

第五节 《良友》画报的广告主

通过前文可以看出，《良友》画报的编辑们对招揽广告下了一番功夫，有一些广告主长期在《良友》画报上刊登广告，比如在画报发行前两年一直占据刊内底页整版广告的南洋兄弟烟草公司。南洋兄弟烟草公司的多种产品，比如白金龙香烟、大联珠香烟、梅兰芳香烟等都以此形式登上了《良友》画报显要的广告页，这些广告都印刷精美，创意新颖，配合良友大8开的幅面，产生出的视觉刺激是以前的报刊所不能达到的。同一时期的《申报》广告与其相比则显得十分简单，因此有许多看好《良友》画报宣传效果的广告主纷纷购买了它的广告版面。

一、为广告主服务的“名人介绍”

《良友》画报编辑部在吸引广告主的策略上也颇费思量，第33期的一个案例可以说明这一点，该期第13页刊登了虎标永安堂的宣传广告，旋即在第31页介绍名人栏目，刊登了虎标永安堂创办人胡文虎和胡文豹兄弟的照片和介绍（见图3–23）。介绍中不乏溢美之词：“左图为虎标永安堂主人胡氏兄弟，二君对公益事业，赞助至力，每年以该堂营业余利十分之四作社会公益之用，现拟在沪建立养老院一所，已得蒋主席拨公地三十亩以助其成云。”[①] 依常理推断，此介绍与广告应是配合之作，而其时已负盛名的南洋豪商胡文虎之所以愿意在《良友》画报进行宣传，除了《良友》画报的名气外，可能与胡文虎对报刊行业的兴趣和上海永安堂分号与良友图书印刷公司

① 《良友》画报第33期影印版。

同在北四川路有关。

对胡文虎兄弟的这一介绍强调了他们热心公益的个人品质，又引用蒋介石为其拨地一事，凸显了他们身为名人的显赫地位。同一栏目中还刊登了广东省政府主席陈铭枢（“铁四军”元老，后与李济深等建立中国国民党革命委员会）、著名外交家驻英公使施肇基（与陆征祥、顾维钧、王正廷、魏宸组等人组成中国代表团出席 1919 年巴黎和会，为中国五位全权代表之一）等人的照片介绍，可见《良友》画报对胡氏的重视，这样的公共宣传与品牌广告的配合，相对于同时期其他报刊来说，可谓广告意识先进。

图 3-23 《良友》画报在同一期刊物上，先是刊登了虎标永安堂的横幅广告，其后在刊物正文的介绍名人栏目又刊登了其创办人胡氏兄弟的介绍。《良友》画报 1928 年 12 月号，第 33 期

类似的情况还有《良友》画报对宝华公司中国分公司负责人李元信的介绍（见图 3-24），强调了其留学经历，将他塑造成一名“慈祥恺恻，和蔼可亲”的成功人才，同时也为接下来即将开始的宝华婴儿摄影大赛做了先行铺垫。这些宣传显示了明显的策划背景，虽然无法还原其策划的过程，但是从在《良友》画报上的表现来看，广告主介绍与品牌广告形成了互补关系。

寶華公司協理李元信氏

李君元信。成功之人材也。慈祥愷惻。和藹可親。幼留學歐美各國。卒業後。寶華公司聘爲協理。并派君回國設立分公司於上海。君對於社會事業提倡不遺餘力。其於嬰孩之健康。青年之敎育。尤三致意。其願望在養成健全之人材。以爲國用。服務於外人。而事事以國家爲前提。如李君者。誠不多覯。吾人甚願引君爲吾「良友」之良友也。君素孚衆望。除在寶華公司任事外。并任上海青年會董。青年會全國協會董事。中華聯青社社長。中華痲瘋救濟會會長。上海中日聯誼會董事。上海扶輪會董事等名譽職。密勒氏評論報且錄之於中國名人傳(Who's Who in China)焉。

Mr. Wm. Yinson Lee
寶華公司協理李元信氏

图 3-24 《良友》画报第 7 期，宝华中国分公司负责人李元信

二、近水楼台——北四川路的广告主

民国直至当下，要说上海最出名的一条商业街，自然是南京路，其名声之大，已经无须介绍。相对于南京路而言，良友图书印刷公司坐落的北四川路则是一条更有文化气息的商业街。许多名人，比如秋瑾和鲁迅，都曾在这条路上开展过文化事业。

1925 年，伍联德在四川北路开办了良友图书印刷公司，次年 2 月就发行了《良友》画报。画报第 1 期的广告主，有一半为北四川路的商户（有

两家为四川路，与北四川路一桥之隔，均在公共租界内），包括比利时金海雪茄的北四川路代理永泰元烟行、昆仑酿酒公司、上海李星泉牙医、上海畜植公司、光明制造电器公司、福裕煤号、广明水电公司、奥迪安大戏院等。这一比例在《良友》画报的长期发展中逐步下降，到了《良友》画报的波折发展期，北四川路的广告主只是偶尔出现，而且这些广告主通常都是小型商户，与后期经常出现在《良友》画报上的西洋公司不是同一档次。

北四川路的广告主中以宝华公司和虎标永安堂为较大的海外集团公司，这两家公司负责人的照片也都登上了《良友》画报正式内容中的名人介绍。这两家公司在北四川路的产业都是其分公司，我们可以大胆推测，这两家分公司的负责人与良友公司负责人伍联德等人的关系应该是不错的。除了这两家大公司以外，其他北四川路的广告主相对没有那么出名，但是其历史意义并不微小，其中很多广告主之间还有关联性。比如奥迪安大戏院，在《良友》画报最初几期刊登了其内部装潢的照片广告，配以英文文案。而实际上，奥迪安大戏院就坐落在良友图书印刷公司的对面，赵家璧在文章中回忆："至于画报的发行，他们未与四马路上批发同行正式联系上，画报出版后，全体职员出动，去对面专映首轮西片的奥迪安电影院门口，在散场时向观众高声兜售。"[①] 也许是因为早期借奥迪安散场之势销售，《良友》画报的头几期一直有奥迪安的广告，然而奥迪安当时已是声誉极隆，因此在《良友》画报上也并不需要大肆宣传。周庭梧在文章中提到，"北四川路的奥迪安大戏院为永泰和烟草公司总经理陈伯昭独资建造，布置华丽，定与卡尔登相颉颃，陈氏又经营奥迪安电影公司办理电影配给事务，当时美国派拉蒙出品的影片，都归其代理，声势大振"。

---

① 赵家璧:《〈良友画报〉二十年的坎坷历程》,《新闻与传播研究》1987 年第 1 期。

刊行两年后，早期的北四川路广告主在《良友》画报上基本都不见了踪影，不过也另有一些新的街坊广告主出现。其中比较特别的是中国心灵研究会，该会宣传的催眠术，在如今看来是一种单纯的心理医疗技术，但在当时，这样的研究会不止一家，并且全部将催眠术与灵学联系在一起，试图通过催眠术将灵学建制化。因此，该研究会的广告在《良友》画报的成长期也持续刊登了10余期。

三、合作伙伴——《良友》画报的长期广告主

保持长期在《良友》画报上投放广告的广告主并不算多，其中有一家与良友建立了长期的合作关系。这一广告主是中国养鸡学社，虽然其广告主题在《良友》画报的整体内容中显得有些格格不入，但偏偏此机构的广告持续刊登时间最长。中国养鸡学社与良友公司的合作模式值得研究，该学社号称是中国首创之“养鸡通信研究机关”，而其通信的联络处，就在北四川路良友图书印刷公司。该学社主办的养鸡杂志，也由良友公司代发，合作关系十分密切。

（一）新加坡美美图书公司

新加坡的美美图书公司也是《良友》画报上长期出现的广告主，而且与良友公司有着密切的业务联系。美美图书公司很早就成了良友公司在南洋（新加坡）代理销售点，曾在《良友》画报第29期刊登了第一则广告（见图3–25），广告中即写明了“总经销:《良友》画报、《新银星》、《北伐画史》、《体育世界》、《近代妇女》”等当时良友图书印刷公司出版的全部刊物。另外，美美图书公司的经营项目与良友公司的经营项目十分相似，广告中自称“南洋唯一新文化图书杂志店”。

图 3-25 《良友》画报 29 期，美美图书公司广告

最早出现在《良友》画报上的美美公司广告相对比较简单，除了公司名称使用了艺术字体外，并未使用其他特别的图案和设计。第 38 期的广告（见图 3-26）则大有改观，广告中出现了 3 个动态的小人图案，标志着 3 种新产品。广告中部的文字强调了“上海良友图书印刷公司南洋英荷属独家总经理”，可见美美图书公司是在新加坡全面经营良友公司的一切业务的，也可以说是良友公司跨出国门的第一站，从美美图书公司起，《良友》画报开始逐渐行销 20 多个国家。

图 3-26 《良友》画报第 38 期，美美公司广告

到了第 50 期，美美图书公司在《良友》画报刊登的广告越发精美，刊登了产品使用者的照片，比如儿童佩戴的帽子，少女擎的阳伞、穿的短袜，还使用了附有设计感的边框，突出的少女撑伞形象甚至超出了边框以外，

给人一种立体的感觉。这则广告的内容不是良友公司的刊物，而是美美图书公司自身销售的商品。

图 3-27 《良友》画报第 50 期，美美图书公司广告

良友香港分公司的广告也经常出现在《良友》画报上，其他分公司或者代理处则往往出现在良友公司的整体宣传中，或者刊在版权页上。

（二）上海的照相馆

另外值得一提的是上海的各大照相馆，《良友》画报许多期刊物的封面和正文内容的摄影都使用了这些照相馆的照片，其中沪江照相馆出现得最多。前 60 期中多数照片为沪江照相馆所摄。作为回报，凡有使用照相馆照片的刊数，《良友》画报也会在相应封底广告页为照相馆做一则广告，通常来说广告的面积较小（见图 3-28）。虽然面积不大，但是由于在目录页和封面底部均有标注照片的摄影者，所以广告宣传效果相当不错。

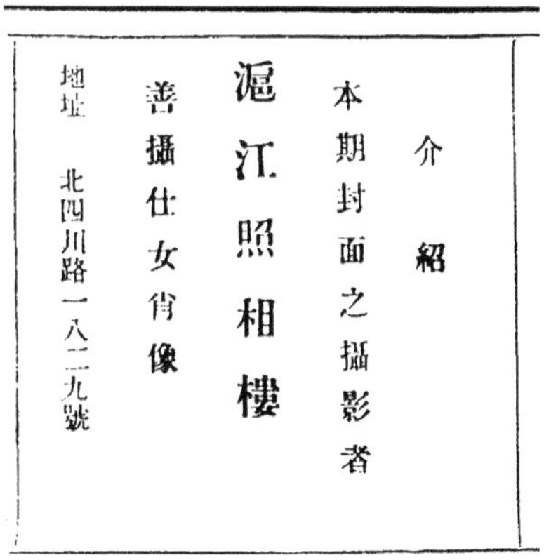

图 3-28 《良友》画报第 45 期，封面拍摄者沪江照相楼的广告

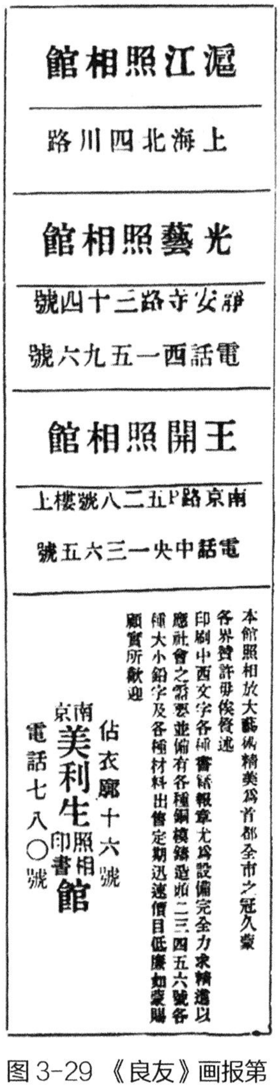

图 3-29 《良友》画报第 30 期，多家照相馆的广告

《良友》画报第 30 期刊登了一则汇合了 4 家照相馆地址的竖版广告，占版面的面积较小，其中北四川路的沪江照相馆排在首位，美利生则占据了较大空间，另外还有王开照相馆和光艺照相馆。该广告的制作显得十分仓促，有失水准，其中分隔各家的横线都未做到平衡一致。据推测可能是用来填补临时的空位，凭借《良友》画报的名声以及与众照相馆的良好关系，临时添加广告应该是好商量的事情。

与《良友》画报合作时间较长的广告主还有兜安氏、韦廉士、拜耳、保和堂等药房，这也与药物广告是《良友》画报甚至是民国期间第一大广告类型的状况相符；还有美国柯达公司、美国纽约永备厂、派克钢笔等外国生产商。必须提到的是，《良友》画报的广告主几乎没有来自日本的，而其国货广告主刊登的广告，特别是在广告中表现出民族自强意识的国货广告相对较多，这也体现了良友公司的民族抱负，足以说明伍联德等人对国家兴亡是抱有强烈责任感的。

至此，我们可以总结出《良友》画报广告主的两个主要特点：一是以欧美和华商构成，几乎无日本广告主；二是广告主以长期刊登为主要的广告投放策略，多数广告主在《良友》画报刊登了 1 年以上的广告。

第四章 《良友》画报广告的个案研究

第一节 注重视觉的整版广告

南洋兄弟烟草《良友》画报的整版广告可以说是其最有特色的广告形式，每期大概包括了封面内页、封底内页这两处整版页面。早期时刊物前后各有 1 页，到后期逐渐增加到前后共有 3—5 页（刊前刊后广告页数量每期有所不同）。

一、南洋兄弟烟草公司的整版广告

南洋兄弟烟草公司占据了《良友》画报第 1 期的第一个封底内页广告，这之后，南洋兄弟烟草公司购买了共计 22 期《良友》画报封底内页整版的广告位。这 22 期广告中，香烟的品牌也有所变化（均为南洋兄弟烟草公司生产销售），其中第 1—11 期时为白金龙牌、第 12—15 期为梅兰芳牌、第 16—22 期为大联珠牌。

（一）南洋兄弟公司旗下三个品牌的广告策略

这三个品牌的视觉设计完全不同，与其品牌名称有较大的关系，针对的消费者群体也有所区别。（见图 4–1），白金龙牌香烟的广告语为“良烟如益友，须臾不可离”，很明显是针对《良友》画报的特别设计，白金龙香烟是符合中产阶级口味的香烟产品，它与《良友》画报的观众口味有部分一致性。梅兰芳香烟在其文案中可以看出是比较高端的香烟，广告顶部在“梅兰芳香烟出世”之上，写有香烟的定位——“最高尚之国货”，下面写道：“梅兰芳牌香烟系由高等技师拣选顶上烟叶加工制成，罐上印有梅郎倩影，置诸案头，不啻与梅郎晤言一室也。”从文案可以看出，其一方面强调香烟品质卓越，另一方面代入梅兰芳的戏装形象，暗示购买者消费的不仅是吸烟的快感，还有铁罐上梅兰芳的倩影。

图 4–1　南洋兄弟烟草公司刊登的三种整版广告，从左至右分别为：第 9 期白金龙牌香烟广告、第 14 期梅兰芳牌香烟广告、第 21 期大联珠牌香烟广告

白金龙牌和梅兰芳牌香烟广告上的烟盒均为铁罐。这两款香烟发布的时期也与南洋兄弟烟草公司的在这一时期的兴衰变化相符，1927 年国民政府的税收政策导致南洋公司的市场竞争力急转直下，而这之前，南洋公司尚处于巅峰状态。从前两款广告的文字也可以看出，其诉求表达比较委婉，强调香烟的品位和品质。其中白金龙牌香烟曾在 1925 年 1 月 4—6 日的《申报》上刊登“白金龙牌香烟出世”广告，三则为连续广告，“这三则

广告连续三天刊出，每次半版，冲击力大。一开始‘破迷信’几个字震撼人心，却又让人莫名其妙，那艘船是何意，也让人百般猜测。次日方知是要破除用舶来品之迷信，第三天白金龙出世，则‘迷信破矣’。这种广告运用悬念，巧妙地将支持国货与迷信舶来品相对比，甚至还带有公益广告的性质”①。白金龙烟可谓南洋兄弟公司的旗舰产品，在《申报》上登的广告也成为知名的广告案例。

大联珠香烟的宣传策略则完全不同，广告文案的诉求已经发生重大的变化——“为吾中国最廉最美之香烟，同胞爱国宜购吸之”，着重强调了大联珠香烟的价廉物美，并期待引起消费者们的爱国热情。而广告上的香烟烟盒变成了纸质烟盒，显得相对平易近人。

（二）南洋兄弟公司整版广告的设计

南洋兄弟烟草公司在《良友》画报上推出的三个品牌广告设计都十分精美，反映了烟草公司作为当时广告主先锋的地位，南洋公司拥有自己的广告部负责相关设计，美术设计精美细致。刊出的 20 多则整版广告，各有特色，其中以女性为主角的居多，例如图 4-1 中白金龙香烟广告上的贵妇吸烟形象，在民国时期十分普遍，也证明女性作为香烟的消费者数量不少。这一贵妇身着传统绸缎华服，姿态表情十分优雅，显示出香烟使用者的地位不凡，品位自然也不会差。

其中，梅兰芳香烟的设计是最引人注目的，也是相关学者研究比较多的，这并不是南洋兄弟烟草公司出品的第一款利用梅兰芳的形象提升价值的香烟品牌。在梅兰芳香烟出品之前的几年，南洋兄弟烟草公司就出品了

---

① 林升栋：《中国近现代经典广告创意评析——〈申报〉七十七年》，东南大学出版社 2005 年版，第 41 页。

大长城牌香烟，1923 年，大长城牌香烟在《申报》上的广告即使用了梅兰芳的形象，正中是梅兰芳着戏服倚着巨大的大长城铁罐烟盒，右侧写着“梅兰芳是真名角”，左侧则写着“大长城是好香烟”，将大长城香烟类比为“戏剧界的梅兰芳”。这种类比的效果应该不错，以至于梅兰芳牌香烟在 1926 年出世，在《良友》画报上做了整版首发广告。

白金龙香烟也曾用过同样的手法，其类比对象是蒋介石，称蒋介石是“北伐中第一伟人”，而白金龙香烟则是“国货中第一明星”。但其在《良友》画报上的广告并没有采取这一设计，而是大量使用了女性形象，这也足见《良友》画报与其他报刊的区别。

二、“永安”“新新”两家百货公司的整版广告

“1920 年代，租界的主要大街南京路变成重要的购物街和新商业文化中心。四家主要的百货公司（先施、永安、新新、大新）就位于南京路……本地历史学家将商店门面的新设计、品质保证的新标准、顾客服务的新态度，统称为‘南京路现象’。”① 这四大主要百货公司中，永安和新新都在《良友》画报上刊登了广告。

“美化购物经验的领头商场无疑是永安百货公司，它是香港永安公司的子公司。香港永安公司的开办者是一群广东人，他们从雪梨的英国百货公司经营者学到技能。”② 这里说的广东人即是郭氏兄弟，他们在悉尼（引文中的“雪梨”）经营水果摊起家，后考察学习当地的英国百货公司，在香港创

① 叶文心：《上海繁华——都会经济伦理与近代中国》，时代出版公司 2010 年版，第 83 页。

② 同上书，第 84 页。

办了永安百货公司。作为广东老乡（郭氏兄弟为中山人，伍联德为台山人，两地相邻，均位于广东南部），伍联德的《良友》画报获得了永安公司三个分公司不同类型的系列广告的登载权，三家分公司分别是永安百货公司的广告、永安人寿保险的广告以及永安纺织公司的广告。

永安人寿保险公司的广告在《良友》画报第 1 期就出现了即告，但并非整版广告。而第 7 期出现的永安有限公司代理商品的广告，令人印象十分深刻（见图 4–2）。按照李欧梵的说法（见第三章第二节），该幅广告所展示的 5 种商品，构成了家庭生活的 5 个方面，其中包括了永安自家的纺织厂生产的各种棉纱布匹，以及有良好合作关系的《良友》画报。

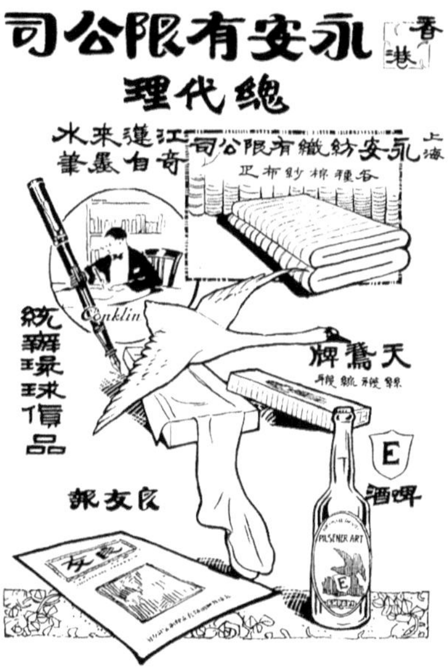

图 4–2 《良友》画报第 7 期，永安百货公司代理产品广告

这幅整版广告强调了其代理的五种商品的品牌形象，江奇莲自来墨水笔由一位绅士使用，并在旁边画了一支可令读者看清细节的钢笔图；天鹅牌丝袜的商品图片上方飞过了一只洁白的天鹅；啤酒突出了带英文“E”字的商标图;《良友》画报则细致地画出了其封面和标题的样式，“良友”二字清晰醒目。该广告的艺术设计十分有美感，特别是图案的配合，绅士仿佛举着巨大的钢笔，洁白的丝袜与洁白的天鹅仿佛同源而出,《良友》画报和啤酒则是休闲生活的最佳搭档。这幅广告充分说明了永安公司的经营意识十分先进，不仅强调所经营商品的品质，还将其建构成一种生活情调，并且在商场的经营上也是引导潮流，率先开始了南京路的玻璃橱窗销售模式。

新新公司在《良友》画报上的整版广告虽然数量不多，但却更有名气，因为它是《良友》画报第 1 期第 1 幅整版广告（见图 4–3）。现在由上海良友图书有限公司维护的《良友》画报网站，开辟有专门的良友介绍栏目，其中广告一栏重点介绍了 5 则广告，其中之一便是新新公司的整版广告，介绍中写道：“新新公司的知名，不仅在于它是老上海南京路四大百货公司之一，而且在于其承办的一些有重大影响的公共活动。新新公司四楼作为固定的城市展览空间，诸多展览会在其中举行，譬如在良友公司历史上有重大意义的良友全国摄影旅行团摄影展览的上海站即定于此处。而新新公司广告在《良友》画报第 1 期刊登，所显示的也是粤籍商人之间在上海滩的广泛联络。”由此也可以得知，新新公司也属于广东商人经营的范畴，也能看出广东商人组成的圈子在上海商界是十分活跃的。

图 4–3 《良友》画报第 1 期第一幅整版广告

百货公司和众多商店构成的“南京路现象”，全新的商品和服务理念开始风行上海。永安公司在1918年开业时就宣称自己的特色不在于提供丰富多样的商品，而在于供应所有名牌产品。从上述广告中也可以看出，永安公司改变了以往市场有什么卖什么的状况，将自己定义为“世界商品供应商”。南京路这些百货商场占据了上海消费文化金字塔的最顶端。“从当代人的观察，到1920年代，上海在这个部分明显已与世界的最新时尚趋势同步。”①

繁华的南京路曾经多次作为主题出现在《良友》画报的摄影栏目和专栏文章中，叶文心认为，正是印刷业、出版业、摄影照片的使用以及艺术的商业化，使上海商人能够用新的方式做广告。

三、三花牌化妆品的整版广告

三花牌化妆品的整版广告出现在《良友》画报的成熟期，其特点是使用大幅清晰的年轻女性照片作为广告中最主要的元素，下方附上三花出品的多种化妆品的照片。第116期、第118期和第125期三花广告上的女性照片均为接受过现代教育的新女性形象。

第116期《良友》画报上刊登的三花香品广告使用了4幅照片、共计6名现代女性的形象对产品进行宣传。澎湃新闻的读图栏目曾有一篇关于民国广告的文章对此广告进行了描绘和分析。“除了她们，上海名媛和潜在消费者——女大学生也是这些化妆品代言人的热门人选。比如在三花牌的‘沪上各界闺秀名媛一致乐用三花香品’广告里，上海名媛唐家三姐妹（唐

① ［美］叶文心:《上海繁华——都会经济伦理与近代中国》，时代出版公司2010年版，第89页。

瑛、唐雪、唐琳）等被刊出靓照，还附上了她们使用产品后的感言。”（见图 4–4、图 4–5）

第 118 期广告的大标题即为“大学女生称许三花香品”，广告下部文字中又提到“今日我国女大学生成知用三花牌美容以爱护肌肤……梁玉龄翠龄两女士均系大学高才生，其推许三花香品之词曰‘三花香粉，成分精粹，牢附面肤，各种肤质均通用之’”。文案中介绍了两位大学高才生姐妹的芳名，又引用了她们对三花香粉的赞许，令人感到真实而具有说服力。

图 4-4 《良友》画报第 116 期，三花香品广告

图 4-5 《良友》画报第 118 期，三花香品广告

第 125 期的广告（见图 4–6），照片模特为钱莲莲，广告中对她进行了介绍：“钱女士海上（原文即为海上）高等女校毕业，有声于交际界。容颜秀丽，性情和善，人皆羡之。最近并在国际饭店国服化妆赛舞会中，以其服饰美貌荣膺冠军。”直接点出钱莲莲女士的社会地位和自身品性，其美貌和衣着都无与伦比（正如照片旁的大型艺术字“無與倫比”）。而钱女士之所以能够无与伦比，则要听她本人的证词：“……三花香品可谓无与伦比。”

于是三花香品与钱莲莲女士在无与伦比这一特质上达成了融合，潜台词也说明，使用三花香品，才会如此无与伦比。

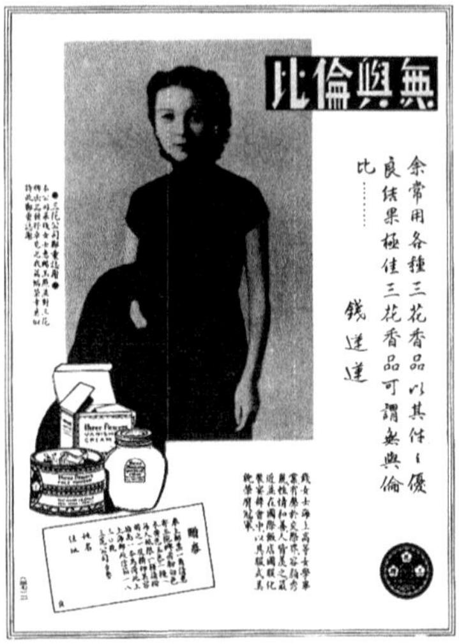

图 4-6 《良友》画报第 125 期，三花香品广告

这两幅整版广告有相同的特点，特别是其模特都是《良友》画报一直以来长期鼓吹展现的新女性形象。知识和美貌并重是新女性的标志之一，知识需要进入学校获得教育，美貌则是三花香品的执掌范畴了。关于广告中所述故事是否真实，有学者认为，“由《良友》画报推介出来的人物，无论来自图像，还是来自文章，多是有姓有名的真人。当然，关于他们的叙述介于纪实和虚构之间。《良友》画报努力将现实中的人打造成传奇式的‘社会名流’‘公众人物’，将他们推荐给读者”[①]。《良友》画报的照片和文章是如此，这里看到的两幅广告也是如此。三花牌化妆品的广告延续了《良友》画报塑造新女性形象的模式，可谓是专门针对《良友》画报设计的广告。

四、《良友》画报自身改革系列整版广告

在南洋兄弟烟草公司刊登的整版广告系列告一段落后，在《良友》画报第 23 期，原来南洋兄弟烟草公司刊登整版广告的页面，更换成了“两岁后之良友”的整版广告（见图 4–7）。该广告右下方小标题为“刷新并加价

---

① 姚玳玫：《早期女性肖像、生活照的私人性与公共性》，转引自孟建主编：《图像时代：视觉文化传播的理论诠释》，复旦大学出版社 2005 年版，第 179 页。

之预告”，提出了广告的主旨，该广告也确定了《良友》画报每 12 期一革新的基本基调。

相比之下，《良友》画报第 61 期的改革广告更加有设计感，该页广告在第三章已有提及，其附上了之前诸多国内名流为《良友》画报提写的标题，包括蔡元培、张学良、宋子文、梅兰芳等各界名人，阵容十分强大。12 个月后的第 73 期，又刊出了整版的改革广告，大标题为“求本刊今年之销数大赠”（见图 4–8）。此时《良友》画报的销数已经到了历史高峰 4 万份，并且在这一销数上已经维持了一段时间难以进步，因此就想在广告上追求更进一步。广告的图片显示一群人以滑轮装置准备将巨大的数字“40000”改换成“50000”。而其小标题又说：“良友图画月刊每期有五万的销数，每期有五十万读者，效力之宏，全国无匹。”这里的 4 万销数可能已经有夸张的成分，由于种种原因，这一数字最终也只能成为《良友》画报的一个美好愿望了。

图 4-7 《良友》画报第 23 期，两岁后之良友

图 4-8 《良友》画报第 73 期，良友改革广告

第二节 与刊物内容相关的广告

一、良友中之“凉友”——特别设计的广告

《良友》画报的广告中，有许多试图在产品描述中与“良友”这一名字挂上关系。比如第 26 期港粤沪华美电器行的电风扇广告，以“良友中之凉友”为题（见图 4–9）。该广告可以视为一次精准投放，在时间上，第 26 期发行于 1928 年 5 月，此时盛夏将至，正值电风扇的需求最旺之际；在广告设计上，将广告的标题与刊物的标题结合在一起，《良友》画报即以亲切的风格风靡大街小巷，而广告中之“良友中之凉友”也同样亲切，而且凉爽。

图 4–9 《良友》画报第 26 期，“良友中之凉友”广告

在《良友》画报第 42 期中，港粤沪华美电器行又刊登了一幅赠画的广告，并与《良友》画报的优待券并排放置，突出了优惠的性质（见图 4–10）。该广告以图画搭配文字声明，凡在港粤沪华美电器行消费 1.5 元以上，即可获赠艳若天人的美女画一张，广告中画了一个美女站在天际云端，而不是一个世俗的女性形象，给人以更大的想象空间。

其实大名鼎鼎的永安百货公司早在《良友》画报第 11 期，就用过这种广告手法，该期广告（见图 4–11）以“艺术的良友”为题，推出永安公司销售的多种乐器。该广告以一种双重类比的手法，将永安公司比作艺术的良友，艺术也是《良友》画报的主要追求，使得这幅广告与画报整体内容

之间自然融合起来。

图 4-10 《良友》画报第 42 期，良友优待券与港粤沪华美电器行赠画广告

图 4-11 《良友》画报第 11 期，永安百货公司乐器广告

良友这一名字由于具有实在的意义，很容易被作为类比和双关的对象，使用这些技巧在《良友》画报上刊登广告，有助于强调双方产品共通的信念和相似的品质。

二、宝华奶粉赞助的婴儿摄影

《良友》画报从第 1 期开始，“宝华干牛奶”的广告就十分醒目。在前 14 期刊物多数页面的正文下方的页脚处，都刊印了一句广告语“宝华干牛奶为母乳无上之替代品”或者“阁下欲令郎令嫒有健全之身体乎请饮宝华干牛奶”（见图 4–12）。另外每期还再加登整版或半版的宝华广告，其广告中必然出现一个健康婴儿的形象，以示宝华干牛奶良好的营养效果。

图 4-12 《良友》画报第 6 期第 15 页宝华干牛奶的页脚广告，
其上方是韦廉士药房的药品广告

在持续一年多，共 14 期刊物中，宝华的奶粉广告占据了每期大概 10 页的页脚部分。也就是说，《良友》画报在一年零两个月的时间里向读者灌输了近 150 次“请饮宝华干牛奶”这一话语。并且此奶粉广告手法非常现代，除了诉诸健康卫生方面的宣传，还强调了产品的功能性和营养成分（见图 4-13）。

《良友》画报编辑部和宝华公司自第 7 期开始共同筹办了婴儿摄影大赛，《良友》画报提供摄影展示版面，宝华作为冠名赞助商。在广告中可以看到，宝华公司是这次比赛名义的主办方，并为获胜者提供高达 400 大洋的奖金。可以说，这次摄影大赛是一次对画报宣传能力的独到运用，也是良友公司与广告主合作的经典案例，其中良友公司印刷出版摄影作品的先进经验和编辑部对摄影编辑的精通也是不可或缺的。

图 4-13 《良友》画报第 13 期，宝华干牛奶整版广告

从第 9 期开始，《良友》画报用三个版面刊登了第 1 期婴儿摄影大赛入选的照片 59 幅，并在画报显要的第 2 页刊登了选票和选举办法。《良友》画报第 10 期则在第 2 页刊登了第 1 期摄影婴儿大赛的获奖者，并在第 20—22 页刊登第 2 期入选照片 154 幅（第 9 期刊登了第一次入选的 64 幅）。此后，《良友》画报第 11 期刊登的第三期入选照片 88 幅（见图 4–14）；第 12 期刊登了第 4 期入选照片 170 幅，刊登版面达到 4 页；第 13 期为婴儿大赛总决赛，用三个版面刊登了总决赛入选者的作品；至第 14 期比赛告终，参赛婴儿总计 476 名，仅前 40 名总计获得的票数就超过了 8000 票。可以估计参加投票的人数当在数千人（每人 10 票），其影响相当可观。在 2009 年《外滩画报》对伍联德的孙女伍凌的采访中，伍凌对该活动回忆道："这个活动在《时报》和《图画时报》上都有宣传，参与比赛的婴儿照片也同期在这两家报纸发布，它们应该也附有选票。据《良友》画报公布的投票数据，第一次婴儿大赛的投票人数为 400 多人，而《良友》画报第 1 期发行量即为 7000 份，这种限定报纸所附选票的方式可能对报纸的发行有些许帮助，但是不会造成报纸发行井喷。"① 按第 1 期活动 400 多人的参与量，以及后几期活动参赛照片数量大幅增长的情况，持续 4 期的活动有 2000—3000 人次参与应该是可以确定的。虽然该活动对《良友》画报的发行并没有产生立竿见影的效果，却为其以后的广告和编辑方针确立了基础。

这一活动也开启了婴儿竞赛的风潮，到了 20 世纪 30 年代，在中国各大城市，政府和民间组织均举办了大量的婴儿竞赛，甚至到了 40 年代上海沦陷后，日伪政府还举办过多次婴儿竞赛。②

---

① 《外滩画报》电子版，2009 年 12 月 17 日，第 366 期。

② 参考 Zhenzhu Wang, "Popular Magazines and the Making of a Nation: The Healthy Baby Contest Organized by The Young Companion in 1926—27," *Front.Hist.China* 2011, 6(4): 525—537。

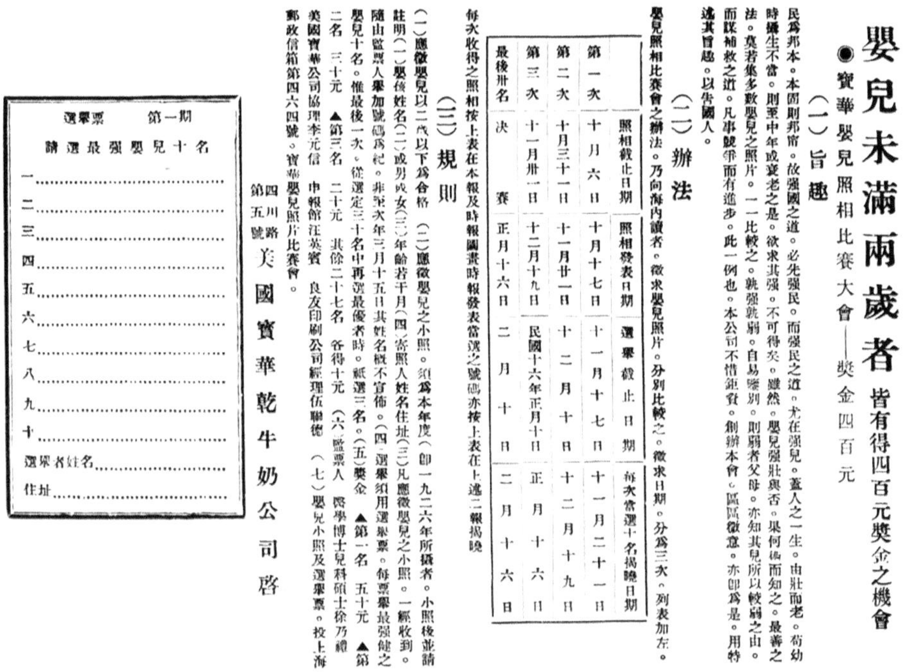

图 4-14 《良友》画报第 11 期，宝华婴儿摄影大赛广告

作为美国的公司，宝华大力宣传健康婴儿的形象，构建了一种对婴儿健康的现代性追求。不过，在《良友》画报第 2 期宝华干奶粉第一次刊登的广告上，宝华并没有采用婴儿健康形象的展示，而是主要强调其奶粉的功能性。而其刊登在第 6 期的广告便开始引入健康卫生的议题，这个议题在食品广告和药品广告中大量出现，构成了《良友》画报广告的最大议题。

三、“幸而我未中头奖”——航空公路建设奖券

“1932 年‘一·二八’淞沪会战中，日寇出动飞机轰炸上海，因为缺乏防空能力，中国军队处于挨打的地位。残酷的现实使中国人觉悟到

增强空防势在必行。其后，以上海为中心掀起了一股‘航空救国’的热潮。航空公路建设奖券（以下简称航空奖券）便是在这样的历史条件下问世的。”

航空奖券在成熟稳定期的《良友》画报上刊登了长期广告，在第 110 期中，主编马国亮专门写了一篇文章，题目为“幸而我未中头奖”，还有一个很长的副标题“一个没中过头奖者的自白，以此安慰那些买不中航空奖券头奖的千万人们”。文章面积为两个整版，分别配有许多插图，第一页上的插图为 5 张航空奖券并列放置（见图 4-15）。

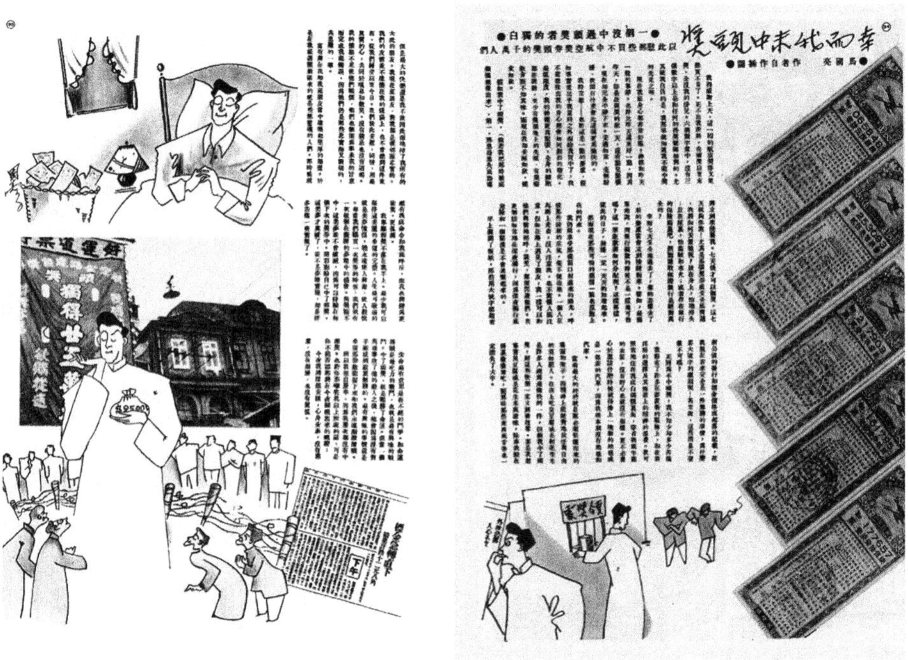

图 4-15 《良友》画报第 110 期，马国亮作“幸而我未中头奖”一文，插画亦为马国亮所作

初看这篇文章，会以为文章主旨是奉劝大家买彩票要抱有健康的心态，但其实作者在文章中还是设置了很多机关的。题目中就明确提出“买不中航空奖券头奖的千万人们”，让人一看便了解了两个信息：（1）本文作者购

由三千增至四万，篇幅由廿四页，增至五十四页”①。

图 3-4　波折发展期的开始:《良友》画报第 61 期刊登“本公司最近举办之四大工作”

本研究将第 61 期作为《良友》画报进入波折发展期的开始，因为其页数的增加无疑是面对广阔市场的一次明智之举，无奈却在极短的几个月时间内便遭遇了重创。《良友》画报在这次革新之前销售量已经接近了其历史巅峰数量，据马国亮回忆，1930 年第 45 期杂志后，《良友》画报的每期销量已经达到 42000 册。② 终究，日本的入侵使得《良友》画报的销量无法超过这一纪录，这一重创也是所有中国企业在 1937 年共同的遭遇。

---

① 《良友》画报第 61 期影印版。

② 马国亮:《良友忆旧——一家画报与一个时代》，生活·读书·新知三联书店 2002 年版，第 3 页。

一新（见图 3–3）。该漫画很有中国漫画奠基人叶浅予的创作特点，叶浅予也是在这一时期投身上海画报界创作漫画和广告，在《良友》画报上也经常可以看到他的作品。后期的主编马国亮，就与叶浅予以及同是著名漫画家的黄苗子结交甚笃，从而以新式漫画来绘制画报内容和广告也成了《良友》画报的特色。

图 3-3 《良友》画报第 37 期刊登的良友公司五份杂志的广告，使用了漫画来增强表现力

三、波折发展期的广告状况与特点

《良友》画报第 61 期是其发展史上具有重要意义的一期刊物，此时杂志已经正好发行 5 年（按每年 12 期算），该期刊前第二幅全版广告即向读者介绍《良友》画报第 6 年进行的重大改革（见图 3–4）。文章中提到“良友图画杂志，为本公司代表刊物，创刊至今已满五年，每年有相当之改进，最近之六十一期，为第六年之开始，内容大加刷新，图画文字选采精良，印刷与编排较前更美，篇幅加增，定价仍旧。按此杂志出世五年来，销数

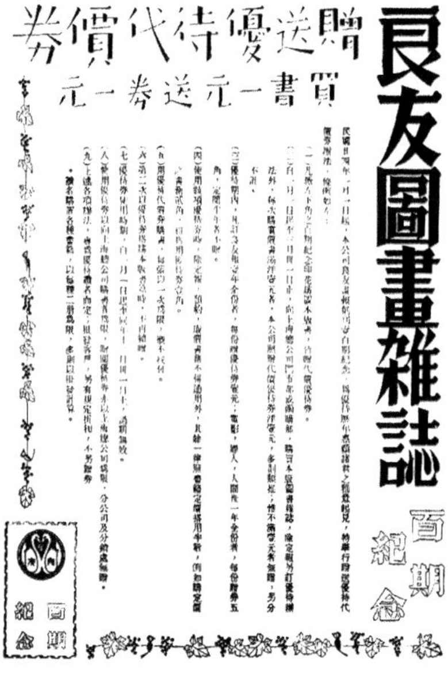

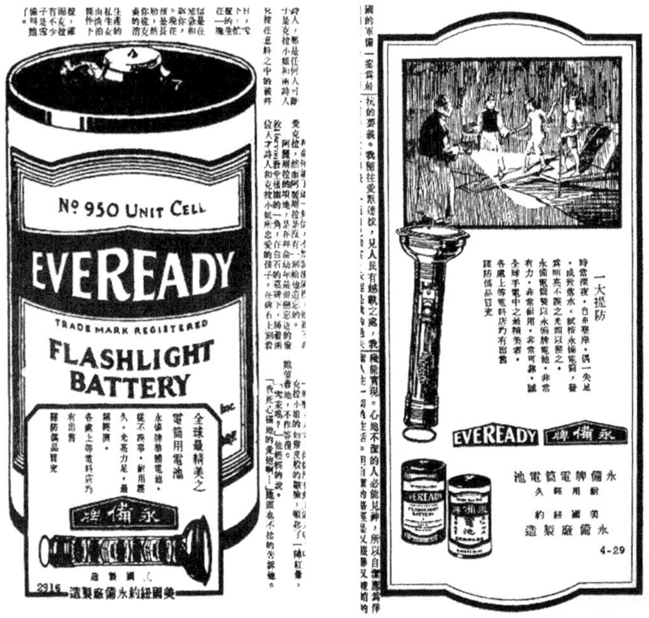

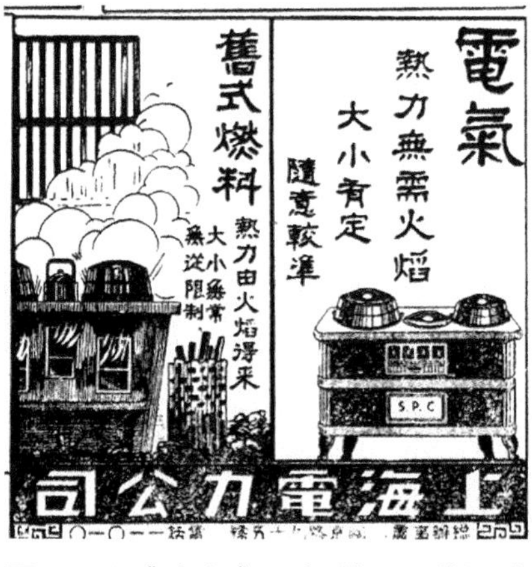

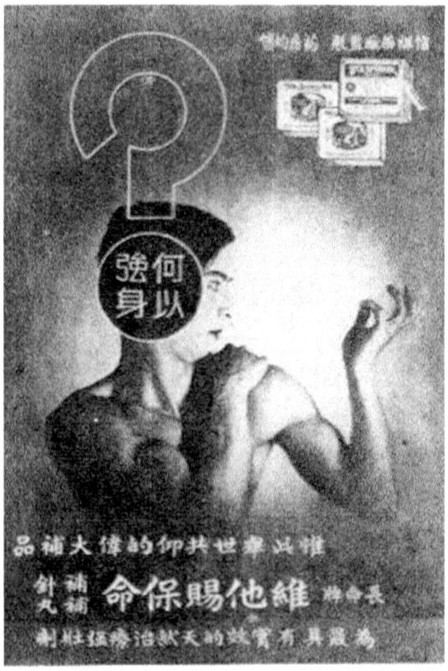

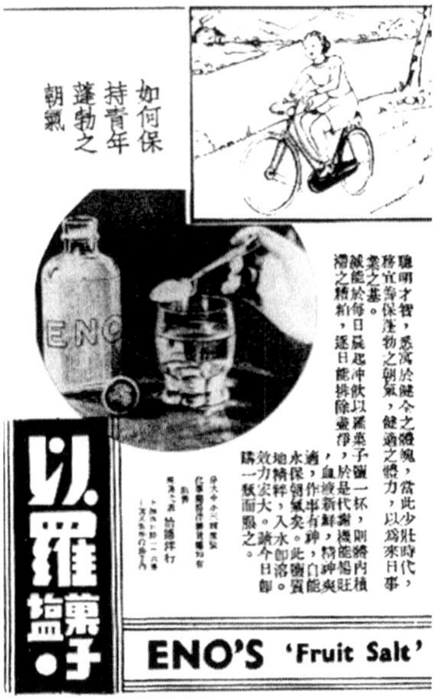

同在北四川路有关。

对胡文虎兄弟的这一介绍强调了他们热心公益的个人品质，又引用蒋介石为其拨地一事，凸显了他们身为名人的显赫地位。同一栏目中还刊登了广东省政府主席陈铭枢（“铁四军”元老，后与李济深等建立中国国民党革命委员会）、著名外交家驻英公使施肇基（与陆征祥、顾维钧、王正廷、魏宸组等人组成中国代表团出席 1919 年巴黎和会，为中国五位全权代表之一）等人的照片介绍，可见《良友》画报对胡氏的重视，这样的公共宣传与品牌广告的配合，相对于同时期其他报刊来说，可谓广告意识先进。

猛虎商標

預防百病

語云凡事預則立不預則廢人之於己身最痛苦之疾病又奚可而不預防之者否則小病不治每成大病大病不治後患堪虞甚至有性命之憂焉

虎標永安堂秘製四大靈藥如萬金油　八卦丹　清快水　頭痛粉

能治百病諸君偶有不適以之對症施治無有不効者誠預防百病之最法眷也

總發行上海永安堂

北四川路八十九號

介紹名人

PERSON-ALITIES

胡文虎與胡文豹合影

（劉南篘贈）

左圖爲虎標永安堂主人胡氏兄弟，二君對公益事業，贊助至力，每年以該堂營業餘利十分之四作社會公益之用，現擬在滬建立養老院一所，已得蔣主席撥公地三十畝以助其成云。

Hu Wen-fu and Hu Wen-pao, two wealthy merchants who have done a great deal in Philanthropic works.

图 3-23 《良友》画报在同一期刊物上，先是刊登了虎标永安堂的横幅广告，其后在刊物正文的介绍名人栏目又刊登了其创办人胡氏兄弟的介绍。《良友》画报 1928 年 12 月号，第 33 期

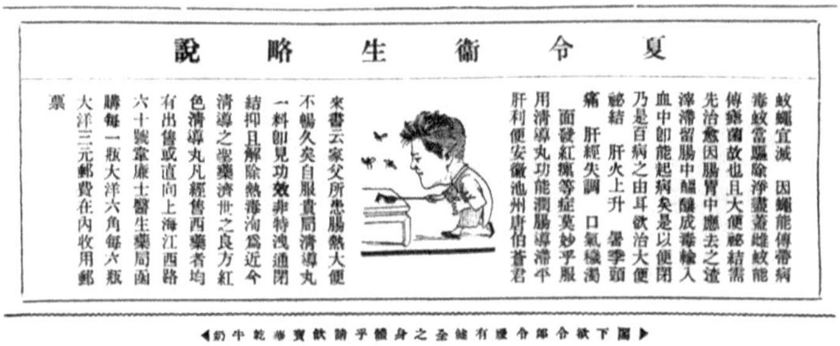

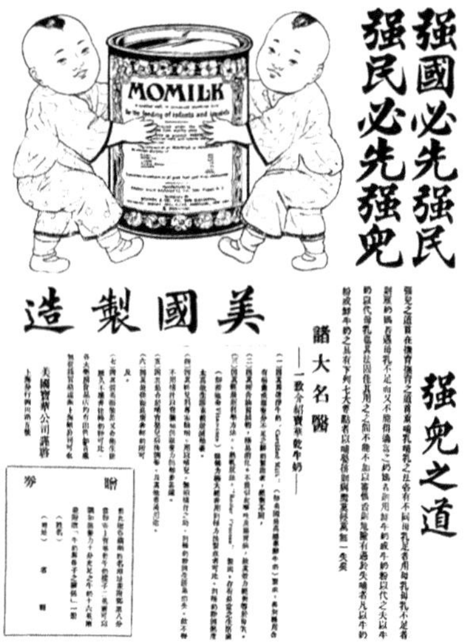

买的是航空奖券;（2）买航空奖券的人多达千万。文章一开始说的是作者买了多期彩票，却一直没有中过奖，但是作者自己却并不失望，反而大大地高兴，因为不致让自己骤贫骤富、患得患失、失去朋友等。到了文章后半段，我们看到了作者含蓄的手法，“我宁愿头奖不落在我手上。最少我可以保持这美丽希望的完整。人生最可歌颂的就是美梦憧憬，他永远使人兴奋，使人欢悦。每当我们购买一次奖券的时候，我们就有一次低徊在痴醉的梦境中的机会。开奖而不中，这美梦并不会破灭，因为可以持续在每个下次的奖券中”。到这里作者意思已经十分明白，开奖没有中，还可以购买下一次。当然，马国亮作为一个有智识的爱国人士，肯这样为航空奖券宣传，是因为这一奖券的爱国背景。这篇文章，也很好地配合了同时期《良友》画报上的航空奖券广告。

航空奖券“初时总发行30万号，每号售上海通用银元10元，分作10条，每条售银1元。以后随着民众“航空救国”热情的不断高涨，第10期总发行量增至50万号”。到《良友》画报第130期时，登出了航空奖券第38期的广告，此时仅头奖就高达25万元，可见上海民众的购彩热情一直高涨并延续到上海沦陷前。

对航空奖券的卖力宣传，一方面体现出了《良友》画报对民族崛起事业的热心，另一方面也反映了其宣传技巧已经十分高超，将刊物的主要内容与广告对象结合在一起，并有主编现身说法，易于唤起共鸣。

四、从中国养鸡学社到德国家禽学校

中国养鸡学社的广告自《良友》画报第24期开始出现一直持续到第64期上海遭到日军轰炸时止，刊登时间跨度长达40期（见图4–16）。自第50期，又有一家德国家禽学校在《良友》画报上刊登广告，看起来两家学校似乎有竞争关系，但是，实际研究一下两家前后所登广告的具体内容，可以发现，德国家禽专科学校的校董与校长就是中国养鸡学社原来的社董与社长中的各一人。在第 51 期中，德国家禽学校的广告第一次出现，广告上明确写明："郑洪年启事：洪年业已退出中国养鸡学社社董，特此通告。"（见图 4–17）校董郑洪年本职是暨南大学校长，亦是前中国养鸡学社校董。另外，在德国家禽专科学校的章程介绍中，校长黄中成是"前中国养鸡学社创办者及社长"，副校长黄中允是"前中国养鸡学社创办者及教务长"[①]。从广告语看，中国养鸡学社强调自己是国内首创并出版养鸡杂志，而德国家禽学校又声称自己是中国唯一完善的养鸡研究机构，同时强调自己的函授讲义压倒国内一切其他函授学校，而其出版的《禽声》月刊与中国养鸡学社的养鸡杂志出版周期和价格完全一致。《良友》画报第 61 期刊登了两个学校并列的广告，我们可以看到，德国家禽专科学校的广告采用了更为现代的漫画版公鸡标志，似乎是对其竞争对手的一次整体意义的解构重建，强调了西洋技术的绝对优势（见图 4–18）。

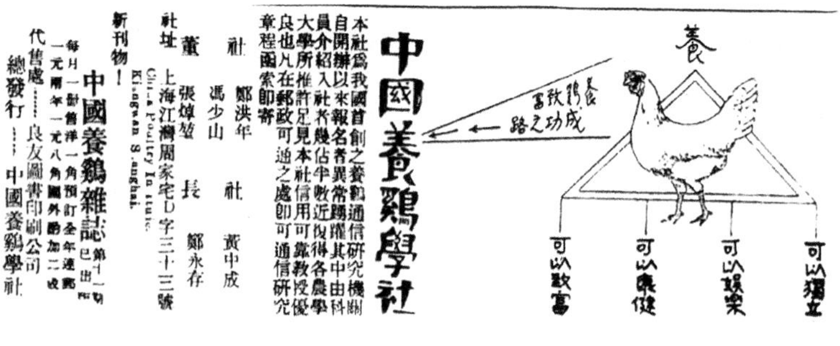

图 4–16 《良友》画报第 40 期，中国养鸡学社广告

① 《德国家禽专科学校章程》，民国存本。

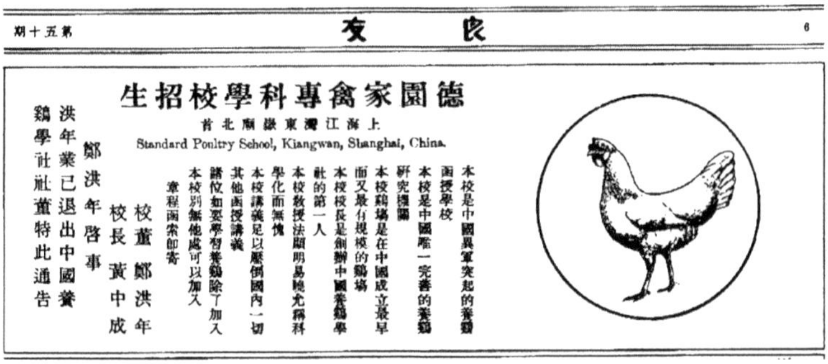

图 4-17 《良友》画报第 51 期，暨南大学校长郑洪年退出中国养鸡学社，其任校董德国家禽专科学校广告首次出现

图 4-18 《良友》画报第 61 期，上为中国养鸡学社广告，下为德国家禽专科学校广告，两者居同一页面中

自第 64 期起，中国养鸡学社的广告在《良友》画报上消失了，而德国家禽专科学校的广告却一直持续到了第 120 期以后，由于其主要管理人员有重叠，我们暂将其视为同一广告主，这也使两家养鸡学校成了《良友》画报合作时间最长的广告主之一。

作为暨南大学的前身暨南学堂的首任堂长，郑洪年与黄炎培一样乐于推动职业技术培训的发展，并被称为“华侨教育事业的先驱”。而提到“华侨”和“教育事业”这两个关键词，我们便可以将其与《良友》画报联系在一起了，作为侨界最流行的杂志，《良友》画报上刊登郑洪年作为校董的广告就不奇怪了。而且郑洪年也是广东人，其家乡广东番禺与伍联德出生的台山也相距很近，与之前提到的永安老板郭氏兄弟的家乡香山相邻。若非有这种老乡加业务合作的关系，像养鸡学社这样的广告也许不会在《良友》画报上刊登，我们无法考究其广告的效果究竟如何，只是其广告的诉求确实与《良友》画报上的其他广告有较大不同，刊登时间又相当长，也许值得更深入地研究。

第五章 《良友》画报广告中建构的社会主题

《良友》画报生长在近代中国特定的历史场景中，上海社会的都市场域赋予了它“时尚”的色彩，战乱苦难的国家又使它决然站到抗日宣传的前沿。“作为具有文本形态的文化实践”，《良友》画报通过参与上海都市空间、消费空间和大众文化空间的建构，形塑了上海社会。因而研究《良友》画报广告的价值，必须与彼时上海社会的现实状态联系起来。

上海于 1291 年建县，1842 年成为五口对外通商口岸之一，到了 20 世纪 20—30 年代，经过开埠后不到百年的发展，由一个几百年如旧的小县城演变成了由公共租界、法租界和华界“一市三治”的国际大都市，被时人称为“东方巴黎”。正因如此，近代上海的都市化进程超越了中国其他城市的正常发展轨道，它是西方文明强行闯入之后，在这块传统的农业文明土地上由东西文化碰撞而产生的奇异之花。

《中英江宁条约》之后，上海被迫将外滩变为外国人的租界。租界建立之后，首先带来的是西方近代工业生产的成果——资本、现代商品和生活方式，物质的交流直接改变了人们的现实生活。物的现代化逐渐渗透到观念之中，当大马路将租界与城市贯通，大商场、百货公司将中西融汇时，国际市民和大量国内其他人员涌入，带动了消费，促进了时尚先锋元素的登陆，现代工业化发展将上海的都市化直接引向了西方大都市的发展模式。在殖民笼罩下，“上海直接被纳入到了世界资本主义市场之中，成了近代世界上最重要的金融中心之一”[①]。在这样一个农业文明与现代工业文明并存的特异空间里，充满了异质性——传统与现代、都市与乡村、民族与压迫。

处在这个空间里的中国知识分子，面对这种聚变则充满了暧昧——对西方文明的欣喜接纳与对国家民族前途的焦虑。自晚清的洋务运动至后来的西学东渐，中国的有识之士以“师夷之长，以夷制夷”来阐释这种暧昧。上海作为江南织造局的所在地，是后来民族工业发展最多最快的城市，民族工业一直在西方资本的挤压下顽强地生存着。上海还是近代中国思想文化的中心，先是一批近代知识分子翻译介绍国外的现代思想和科技知识，后来发展为一批具有国家民族观念的现代知识分子开办学校、出版报纸刊物，以启发民智、救国救民为己任。上海以它的包容性接受了西方的现代性，将自己融合为独特的不同于西方也有异于中国本土其他城市的现代都市，一大批反映上海现代性又关注国家民族命运的媒介就这样产生了。“《良友》画报则是‘文化杂合’得以呈现、以‘文化杂合’为特征的文化生产实践得以物化的众多平台中最为耀眼之一员——也就是说，《良友》画报不仅是老上海出版的一份杂志，同时也是伴随殖民秩序的文化杂合之产物，还是这一文化杂合的实践场所。”[②]《良友》画报以文字、摄影、漫画、广告等形式，表征和建构了外来与本土、传统与现代相互嫁接的上海都市，呈现了多种文化交融的景观社会。

《良友》画报从多方面多层次构建了上海社会的都市空间、文化空间和消费空间。他们为现代性做广告，通过广告表征推动现代生活观念。但是作为生存于彼时中国的文化媒体人，《良友》画报的编辑们“也因此不可避

① 於红梅、潘忠党：《国际大都市的想象与诠释——作为符号的〈良友〉画报及其文本》，《开放时代》2011年第2期。

② 同上。

免地携带了基于传统文化与现代文化之间杂合的矛盾的文化心态，并在他们主导的《良友》画报的文本中，以各种创造性的实践，对源自西方的现代文化元素进行如巴巴（Bhabha，2004）所概括的模拟（mimicry）、僭越（transgression）或是收编（appropriation），并在这样的实践中体现出策略的抵抗和文化意义体系之间的穿越。在这过程中，《良友》画报被逐渐形塑成一个符号，一个想象‘海派文化’的象征资源储存库，一个使得‘老上海’作为‘摩登女郎’的迷思得以真实呈现的实物。”[①]

第一节　民国上海的现代都市空间

美国学者费正清在《剑桥中华民国史》导言的开篇部分说道：“处理中国近现代问题，是一个占优势的成年文明，突然发现自己在世界上处于未成年的地位。由于众人坚守根深蒂固的中国方式，对于接受外来的‘近现代’方式就更为困难了。”[②] 在外国势力影响中国的进程中，上海是最重要的“先头阵地”，而《良友》画报则是潮流青年中的流行读物，自愿肩负了对现代性鼓吹宣传的重要责任。

美国学者叶文心（Wen-Hsin Yeh）在论及民国上海的现代性时提出：“十九世纪上海中产阶层的诞生，不仅打造了一座繁华城市，更使经济改变

① 於红梅、潘忠党：《国际大都市的想象与诠释——作为符号的〈良友〉画报及其文本》，《开放时代》2011 年第 2 期。

② ［美］费正清：《剑桥中华民国史 1912—1949 年》上卷，中国社会科学出版社 1994 年版，第 1 页。

了一个国家的发展。这是一个魅力的城市，也是卑鄙的城市。”[①]她在另一篇研究中论述了广告在民国上海的重要作用，上海的现代性主要源自都市文化产业对经济的输出作用。叶文心认为印刷出版业和广告业的文化生产，使得上海的公众空间变得女性化、商业化和西洋化。

《良友》画报正展示了具备这些特点的上海都市空间，它对公众空间这三种特性的表达更是淋漓尽致，不管是刊中照片，还是众多广告中的现代图景，都使得《良友》画报在上海成为独领风骚的一份刊物。

一、商业景观构成的上海都市空间

对资本主义持批判态度的居伊·德波提出了“景观社会”这一概念：“德波认为，当前资本主义生产方式所处的发展阶段的本质是‘从占有向显现’的普遍转向，即他自己所说的社会存在表象化已突显为资本主义的主导性范式。”[②]民国时期的上海，按照德波的说法则可视其为景观社会发展的第二阶段，即“人的存在方式从存在向占有的堕落”[③]。甚至，相对于其他国际化都市，民国时期的上海具有更加独特的景观特征。

上海的物质繁华逐步变成了一种景观繁华，让国内他处的居民叹为观止的同时又迷惑不已。有人说在当时相对发达的苏州，当地富人所用的煤油灯比内地其他地方的油灯要亮 10 倍，然而上海的电灯比苏州的煤油灯还要亮上 10 倍，仿佛灯火辉煌是黄金时期的上海对比其他城市的一大特殊之

---

① 叶文心：《上海繁华——都会经济伦理与近代中国》，时代出版公司 2010 年版，封一。

② 张一兵：《景观社会》代译序，居伊·德波著，王昭凤译，南京大学出版社 2006 年版，第 13 页。

③ 同上。

处。灯光下的酒店、饭店、电影院、剧院等消费场所令外地游客仿如置身梦境。

《良友》画报可谓相当卖力地宣传了上海的崭新消费空间，从第111期（见图5-1）刊登的关于上海地方素描一文中可以看出，作者貌似以一种游客旁观者的心态写出了上海各大饭店所见所闻，笔下虽有讥讽，但仍然让人感受到大饭店作为一种景观的吸引力。“大饭店里面是豪奢，舒适，和某一种行动的自由。那日常的许多人过着的辛勤，劳苦，尖锐地奋斗着的世界，似乎到大饭店的门口就划止了，里面好像是另外一个世界。”[①]其后，作者对大饭店的“周到服务”进行了冷眼旁观的描绘。这表现出前文论述过的两个问题：一方面，《良友》画报有较高的智识追求和启蒙意识，对商业宣传的方式是比较保守的；另一方面，《良友》画报与现代化的景观是相互依存的、互相推进的，宣传现代化已经内化为《良友》画报的主要追求之一。

图5-1 《良友》画报第111期刊登的上海地方生活素描之三：大饭店

① 《良友》画报第111期影印版。

图 5-2 《良友》画报第 1 期目录页刊登的新新百货公司广告

《良友》画报的广告亦是如此，第 1 期的目录页即刊登了新新百货公司的广告（见图 5-2），广告中占地面积 4000 多平方米的 7 层建筑显得气势恢宏，公司的名字和广告文案都强调了日新月异这一属性。

著名上海历史研究者熊月之在研究上海都市生活时有以下一段话：

“《良友》画报曾发表一篇文章，讨论中国文化，将其由高到低分为四个等级，即租界、都市、乡村、部落。文章将上海等有租界的城市从中国都市中分离出来，认为上海与其他城市不在同一个等级上，不能相提并论。画报以 16 幅照片，分别从衣、食、住、行四个方面对文化进行比较。衣，在租界是一个摩登女郎时装，部落是形状特别的民族服装。食，租界是许多人在一个桌上的大餐，部落是牧民在吃奶酪。住，一是摩天高楼，一是帐篷。行，一是汽车，一是骆驼。《良友》画报的分类是有道理的。上海人将外地人，无论是乡村人还是城市人，都叫乡下人，其心理与《良友》画报是同样的。所以，从某种意义上说，上海之在中国，就是乡村里的都市。”①

熊月之认为，上海都市的现代性与传统性、世界性与地方性是共存的。叶文心也认为，上海的现代性是与传统性混合在一起发展起来的，因此其与世界其他发达都市是不同的。“作为诉诸诱惑力和说服力的商业参与者，

① 熊月之：《异质文化交织下的上海都市生活》，上海辞书出版社 2008 年版，第 464 页。

20世纪初的广告人探索出多种策略。一种是利用已存在的传播类型制造新意义，另一种则是使用新媒介来传达旧思想。不可否认，两种策略使用的手段都是现代的，但内容所需的文化要素确是不同时空出处的混合体。”①

都市是近代工业文明的产物，它的形成是一个动态的过程，包括农村人口不断向城市集聚、城市工商业迅速发展、经济结构多元化、人口结构分散等大众传播普及、大众文化和消费文化产生、生活方式和思想观念现代化。②在都市化的动态形成过程当中，物质空间、大众文化空间、大众消费空间依次形成，传媒生长于这个空间，又建构了这个空间。

上海都市物质空间除了“生产内容”和“实用目的”之外，充满现代性的风格各异的城市建筑、设施等，在都市化进程中还具有审美作用，使其凝聚成了都市景观，最终成“海派”文化的象征。“殖民或后殖民时代的‘第三空间’生发于不同文化体系相互碰撞、交融的实践场所，在此，人们运用策略的方式来消化、改造和吸收外来的文化，丰富、扩展本土的文化。”③民国时期的上海正是这样一个充满异质文化的城市，在这个“第三空间”里，生发出了来自西方又不同于西方、产生于本土又异于传统的工商业、金融业、传媒业和卫生、医疗、教育、文艺等充满现代性的新业态。与之相应的是欧式建筑群起、现代交通设施完备、城市道路扩充、公共活动场所建立，一个新型的“景观社会”崛起于世界东方。

建筑是城市的外在景观，外滩就是上海混杂文化空间的外在表征。1843年租界设立时，外滩只是黄浦江滩的一条纤道，英国领事馆最先设在这里。随

① [美]叶文心:《上海繁华——都会经济伦理与近代中国》，时代出版公司2010年版，第90页。

② 赵全军:《都市化理论及其在中国的运用》，《云南社会科学》2005年第4期。

③ 於红梅、潘忠党:《国际大都市的想象与诠释——作为符号的〈良友〉画报及其文本》，《开放时代》2011年第2期。

着资本主义的强迫贸易，航运等经济贸易交流展开。仅仅三四十年的时间，“租界就呈现出西方都市的基本面貌，与被城墙包围着的上海老县城形成了明显对比”[①] 矗立在外滩具有标志性的几十栋建筑物，如洋行、银行、饭店、报社、海关等，均以欧式、哥特式等不同风格建造，它们形成了上海都市的物质空间和实物景观，是现代都市信息流、人流、物流的汇聚之处和具体表征。海关大楼、金融大厦、花园饭店、气象台，可谓“外国建筑博览会”，甚至有人将这里的一条马路、一家商店都称作“西方文化展览馆”。经济、商贸交流的需要加上租界的“模范”作用，上海老城的开发随之而动。首先是老城与租界的城墙被推开，然后是道路的扩建，再是大量中国移民涌入租界居住，“异质的都市经验”从外部空间向人们的思想观念流入。19 世纪末，“世界金融街”的外滩被允许“作为停靠船只的码头之用”，外滩又成了“公家花园”。公共交流在这里形成并辐射到上海老城乃至中国其他地区。

道路的扩充和规划为城市公共交通建设打下了基础。1908 年，有轨电车诞生在租界，然后不断延长至上海老城内，速度使人们的生活节奏加快，人们的时间概念越来越强，公共交通工具成为上海人必不可少的代步工具。小汽车、出租车、自行车的兴起，改变了人们的出行习惯，也改变了城市面貌。公共交通工具、设施和城市建筑共同成为彼时上海都市现代性的重要表征。电灯从外滩开始，快速照遍全城。夜生活的开始，大大改变了人们的时间观念和生活习惯，拓展了都市空间。在这座不夜城里，银行大楼、教堂、饭店、电影院、俱乐部、豪华公寓、咖啡馆、餐馆及跑马场，在这些融入了西方现代理念的建筑物中，不同国度的不同文化彼此交流、融合，

① 孙玮：《作为媒介的外滩——上海现代性的发性与成长》，《新闻大学》2011 年第 4 期。

西洋镜式的都市夜景表征着上海的都市化发展。“空间决不仅仅是抽象理念的空洞载体，相反，空间本身就构成了意义。都市空间既是交流的公共平台，更塑造了一种新型的关系。”①

《良友》画报的编辑们和所有祈望中国强大的近代知识分子一样，对这样的发展是接受的、欣喜的，但是他们对文化现代性、对人的物化作用也有着理性的思考。他们以现代性为《良友》画报的表征元素，建构上海都市化的想象空间，客观地记录了上海的发展过程。如《良友》画报第 88 期的“高，阔，大”，用两版照片记录了高——法租界的 14 层楼，“摩天巨厦挺直起笔直的腰子”；阔——北四川路中国银行大楼，“大都会的繁荣场面”；大——地产广告新式广告牌，与传统店面的“当”对应。第 31 期“抚今追昔”，将昔日上海“窄狭之弄堂”与“今日巍峨之新建筑”两相对比，国；另有“黄浦江建筑外观”，无疑编辑们是在肯定上海物质空间的发展。第 87 期“如此上海”，两版照片以现代建筑和物品及人交错排列，谓之声、光、电的世界。声——汽车喇叭声、轮船汽笛声、舞厅歌声，还有卖报声，“贫苦人们生活的呐喊声”；光——灯光、电光，“大都会的空间交融着恐怖的电网”，“电话是传达感情的最便利工具”，“有轨电车无轨电车都是都会中重要的交通工具之一”。在这里编辑们肯定了现代工商业给人们带来的生活上的便利，但也透露出都市物化对人的挤压，以及对劳动者生存状态的关注。第 62 期以“物质文明”为题的是一幅在建的高楼，背景是大桥。总之，上海的现代性景观社会在《良友》画报中留下了丰富的印记。

---

① 孙玮:《作为媒介的外滩——上海现代性的发生与成长》,《新闻大学》2011 年第 4 期。

二、“器物”世界与现代工业技术精神

现代性是近代上海都市化的主要表征。现代性发源于欧洲17世纪的启蒙运动，“在经济与政治全球殖民语境中，获得普世意义”[①]。在现代性研究过程中有两个对立的范畴，一个是文化现代性，另一个是资产阶级现代性。文化现代性强调现代性对人的“囚笼”作用，即对人的异化。资产阶级现代性相信科学技术造福人类，如对时间的关切，对理性的崇拜，即科学精神和工具理性。中国的现代性是在殖民语境下被移入的，“正是西方的商品改变着中国社会的面貌，它没有大炮那么可怕，但比大炮更有力量，它不像思想那么感染人心，但比思想更广泛地走到每个人的生活里去，当它改变了人们的生活之后，它同时成了人们生活的一部分，旧与新，中与西，于是难分难舍”[②]。上海的现代性是从物质交流开始直至人们观念的改变，在西方工商文化的浸染下，它从外到内，从物质到精神吸纳了资产阶级工业文明的果实，成为中国现代性发生最早的城市。

上海自开埠到19世纪初叶的几十年中，不仅成长为中国的商业中心、金融中心，还是制造业中心，是中国最大的轻工业制造中心。其中外国对华进出口贸易和商业总额占80%以上，外国对华银行投资占80%以上。1911年上海民族资本工厂112家，占全国的25%；外商资本工厂21家，占全国的45%。这些工厂企业的建立，带动了整个社会的生产方式、生产规模以及人们思想观念的变革。时间观念、效率观念、信息观念逐渐深入人心，科学精神改变着中国传统中模糊、虚无的思维习惯。在这一过程中，

① 江晖：《当代中国的思想状况与现代性问题》，《文艺争鸣》1998年第5期。

② 陈旭麓：《近代中国社会的新陈代谢》，上海人民出版社1992年版，第217页。

中国的知识分子和传媒发挥了重要作用。

现代工业化生产催生了大众传媒的迅速发展，传媒的启蒙作用又推进了现代化进程，“中国的现代化进程是与大众传媒同步走向民众的，特别是在非知识阶层”[①]。即如《良友》画报总经理伍联德所述他们的办刊宗旨：“开启民智。”《良友》画报作为知识分子所办刊物，和中国的多数知识分子一样，“将西方和日本的都市化看成是可以或是使自己获得当代性的欲望客体，同时又将西方和日本殖民文化当作耻辱而加以拒绝”[②]。无论是暧昧还是僭越，中国的知识分子和他们的传媒都在挣扎中践行自己的责任——倡导科学，启发民智，“师夷之长，以夷制夷”。《良友》画报虽然是时尚类以图片为主的刊物，但在建立都市想象的同时，极具现代工业科技精神，对于现代生活设施和器械的介绍决不流于表面，而是深入探寻其科技含量，其旨在向大众宣传现代知识，普及科学，达到启蒙教育的目的。并以此为基础，为现代科技产品的宣传铺开了道路。

大量现代消费品的涌入，使得上海人的消费习惯大大改变，很多商品的存在很快上升为一种表征，比如香烟就在广告的作用下“融入管理世界的图案”[③]成了一种休闲时间的主要象征，休闲时间也就被称为“吸烟时间”。

《良友》画报在介绍现代物质的同时，更关注工业生产过程和技术性。比如对电影制作流程的详细介绍，第61期“影片摄制之程序”，从化妆、

① 陶东风：《社会理论视野中的文学与文化》，暨南大学出版社2002版，第147页。

② ［美］史书美：《现代的诱惑》，何恬译，江苏人民出版社2007年版，第252页。

③ ［美］杰克逊·李尔斯：《丰裕的寓言：美国广告文化史》，任海龙译，上海人民出版社2005年版，第124页。

摄影、灯光到冲洗，详细介绍了干片机、字幕摄影机、印片机等机器的操作原理和过程。第 103 期“从编剧到放映”，从剧本的确定到布景再到摄制及冲洗过程，又一次详细介绍了电影机械制作原理。第 111 期《电影界新革命：三原色新片概说》，再一次介绍电影制作的新技术。这是《良友》画报在有意引导大众对电影由精神消费上升为理性认知，进行科学知识的传播，是对现代的接纳和有意识的传播，是对现代工业技术精神的认同。

永安、新新、先施 、大新四大公司的成立，代表着上海现代物质空间的确立，在它们举办活动之时，《良友》画报均作报道。《良友》画报第 2 期首页就是新新公司的整版广告；第 113 期介绍了大新公司开幕式。开辟专栏请名家介绍上海的工商发展成果，是《良友》画报适应上海都市发展，满足人们精神需求的举措；第 114 期请茅盾写“证券交易所”，文章从商业机制深入分析了股票市场的内部机理；第 112 期请郁达夫写“上海茶楼”，从文化上分析上海的发展历史；第 111 期请洪深写“上海大饭店”，从都市文化入手分析其商业性，引导人们理性认识现代工商形态；第 85 期有一整版“科学消息”：介绍苏俄新式火车，简单打字机，轻快客船，最快之汽车等。同期还有国内的铁路建设情况介绍；第 103 期有“一日千里之现代”，用 2 个版面介绍英国最新流水线的消防车、德国新造飞艇、法国空中客机，通过飞机新旧比较得出“可见今日科学进步之速”之结论；第 88 期有“福建造纸厂之参观”，详细介绍了造纸的程序后指出，这是“机器设备均为最新式者”。这些均表现出《良友》画报对现代机器工业发展的关注。《良友》画报还有介绍纺织厂等多种工业技术的图片报道。《良友》画报的编辑们以宣传科学普及教育为目标，寻求强国富民之路；在介绍现代科技与产品的同时，也为广告营造出了一个互相融合的空间。

三、广告影像中的大众文化

上海作为开放的港口城市，客籍商帮云集（比如前文提及的与良友公司关系密切的广东商帮），“本地商贾不过十之二三”[①]，文化的多元及开放使上海很快吸纳了来自世界各地的文明成果。西方的科学技术书籍多在上海被翻译出版，学术文化刊物逐渐普及。新知识的普及和新传媒的兴起改变了社会文化传播的方式和走向，使精英文化向大众化流动。自维新运动民间办报开始，到20世纪初进入高潮。据统计，1905—1911年，全国报刊发行600余种，政府控制的不到10%。[②]到了二三十年代，受西方都市文化的影响，一批更具有现代意识、独立精神的报刊相应而生，《良友》画报就是民营资本经营面向大众具有现代办刊理念的代表，大众文化亦是《良友》画报表征的重要符号。

大众文化的出现是现代性特征之一，都市中机械化生产模式的大众传媒和其商业生产诉求，加之市民消费群体的扩大，为大众文化兴起的前提条件。上海工商业的发展使市民阶层不断扩大，都市化发展出现了新的职业分类，新增的洋行雇员、商人、警员、技师、工人、苦力等构成了“一个以市场交换为生存法则的市民社会迅速崛起”[③]。还有相当一批从事文教工作的知识分子、新式学堂的学生和新涌入上海谋求发展的文人、政客、学生、军人等。他们在这个充满机遇和竞争的场域中打拼、奋斗，依靠自己

---

① 姜义华:《上海——近代中国新文化中心地位的形成及其变迁》,《学术月刊》2001年第11期。

② 李楠:《市民文化笼罩下的都市想象》,《学术月刊》2004年第6期。

③ 叶中强:《近代上海市民文化消费空间的形成及其社会功能》,《上海财经大学学报》2006年第4期。

的实践学会了竞争和创新，也培养了自由意识、时间观念和信息意识。现代大工业生产环境使他们学会了掌握时间、工作和效率；审美和价值观念的变化，使他们懂得了为掌握自己的命运而奋斗，工作之余的学习提高和休闲娱乐等均成为他们精神生活的一部分，使他们把更多的目光投向文化生活，他们是都市市民文化的创造者也是消费者。近代以来“市民文化取代政治伦理在文化体系中的地位”，成为文化的主流。市民文化的开放性、平等参与性与大众性（商业性、消费性）使新的市民阶层的生活方式发生了根本性变化。20 世纪二三十年代的上海，在社会结构、生活方式和文化观念等方面，均实现了从传统向现代的转变，在很大程度上彰显出现代大众社会的文化形态和文化诉求。

电影作为上海最为流行的娱乐方式之一，受到大众的广泛欢迎，也受到了《良友》画报的持续关注。包罗万象的电影专题是《良友》画报中必不可少的内容。[①] 电影是现代科技与工业文明的产物，它承载着都市的意识形态与文化思潮，建构着特定时期的都市形象，人们通过观看电影反观社会和自身，获得精神上的慰藉。正是文化资本与消费塑造了上海以商业化为主导的社会环境，也是上海能够成为电影事业摇篮的原因之一。当时 90% 的国产电影产生于上海 [②]，上海是中国最大的电影市场，这个数字足以说明需求产生市场。

在都市现代性语境下，大众的文化需求刺激了大众传媒产业的发展，作为大众传媒的报刊、电影、广播等形式成为文化传播的主要载体，文化

---

① 徐国红:《〈良友〉画报：民国时期中国时尚档案的记录者》,《实务》2013 年第 3 期。

② 刘畅:《“戏人”：大众文化语境中的身份认同——20 世纪 20 年代电影人的身份建构与文化认同》,《理论研究》2011 年第 2 期。

的生产和消费向大众化、通俗化转换。现代文化产业迅猛发展，至1933年上海已有报纸143种、杂志258种；广播台到30年代初仅10年时间就达到54家；[①]“据《中华影业年鉴》的记载，1925年前后，中国共有175家电影公司，而上海一地就有141家”[②]。

大众性和消费性使电影成为《良友》画报表征的符号因素，商业性、时尚性使《良友》画报成为电影面向大众的最佳窗口。电影的大众性、世俗化使其产生强烈的文化认同和情感共鸣，普通市民是国产影片的主要受众，他们数量庞大，“看电影”成为市民阶层一项主要的消费选择。大众通过翻阅《良友》画报而了解电影信息。《良友》画报优良的印刷品质和良好的口碑，为电影图片面向大众提供了最好的媒介，由此达到了“文化、商业与娱乐的联动”[③]。

《良友》画报封面的明星图片既是其时尚表征，也是电影最好的广告。《良友》画报自创刊起，每期都用美女图像做封面，其中有多位明星，如胡蝶、黄柳霜等。明星的美丽和《良友》画报的时尚设计相互映衬，令读者在追逐明星的同时认同杂志，同时也更加认同明星演绎的电影，因追随明星而去看电影。《良友》画报每期都有电影或电影业的图片，从影院到演员再到影片，有剧情介绍，有影院介绍，还有演员个人的介绍。比如胡蝶的照片除了在《良友》画报封面上出现以外，还多次出现在内页。《良友》画报第103期辟专版纪念阮玲玉之死，除了大幅玉照外还配文“永别了观众”以悼念，从中可以看出《良友》画报与电影业以及与大众文化水乳交融的

① 申报年鉴（民国二十三年），申报年鉴社1934年版。

② 刘畅：《“戏人”：大众文化语境中的身份认同——20世纪20年代电影人的身份建构与文化认同》，《理论研究》2011年第2期。

③ 同上。

关系。

都市大众文化的发展还意味着大众休闲活动的增加，除了看电影之外，还有更多其他的业余活动，并由此产生了新的生活方式。《良友》画报极力推崇新的生活方式，运动、旅游都是其大力推介并身体力行的项目。如1932年组织了《良友》画报全国摄影旅行团，这次历时一年、行程遍及全国的大型活动，既是《良友》画报工作之需，也是为全国大众做出的一次示范性旅游观光，影响极大。随后还组织了“良友读者旅行列车”（1934），“良友海外观光团”（1935）。摄影、旅游，这种具有时尚色彩的生活方式被《良友》画报有意倡导着。当时流行的大众娱乐活动还有赛马、跳舞、回力球等。《良友》画报专门请著名作家写了《回力球》，介绍回力球的输赢机理，提醒大众清醒认识。第85期《都会的刺激》文字部分写到“女人旗袍开衩的高度发展”“恐怖的，侦探的，冒险的电影发着惊人的巨吼”“跑狗场回力球以外，还有香槟跑马，新建的看台耸立广场上”，纷杂摆放的图片以及冷静的文字，表明《良友》画报的编辑们对于大众文化有着理性的认识和引导意识。

此外，女性健身操、小儿卫生教育、大众街头文化（第103期，介绍文具、阅读等）、集体婚礼（第104期）等，新的生活方式都是《良友》画报有意引导的内容。

第二节 现代性消费文化的建构

消费源自需求，而需求是可以被创造的。人的消费需求可以分为满足物质需求的消费、满足精神需求的消费和满足炫耀心理需求的消费。这三个不同层面的消费需求体现在不同的社会发展阶段。在物质匮乏时期人们勉强满足物质需求，并为此而节衣缩食。到了欧洲第二次工业革命后，大工业生产使商品不再稀缺，资本扩张需要扩大商品市场，倡导消费和促进交流成为欧美国家的主要意识形态。广告和百货商场的产生，就是对消费空间的建构和延伸。百货商场建立了商品的实物空间，琳琅满目的商品和耀眼的橱窗刺激了人们对物品消费的欲望；广告则以各种符码表征了商品的所指意蕴——身份、地位、心情等，建构了商品消费的想象空间，它以镜像功能诱导人们通过消费实现梦想，以观念引导人们改变生活方式。

西方资本主义“交流的冲动”促使他们将资本、商品和消费观念一起带到中国。在上海这样一个特殊的场域中，大楼、大商场、大剧院、大马路等物质空间迅速崛起，进而现代商品、现代广告、现代生活观念从多方面浸染了人们的意识形态，消费观念逐渐被改变。人们的消费开始从物质满足层面上升到精神满足层面。在消费观念的转变中广告起到重要作用。广告将商品符号化，通过符号赋予商品意义，如身份、地位等，使人们将消费与身份认同联系起来。在流动人口占多半的上海，传统的身份认同标准变得模糊，在都市中新的移民不再以出身论英雄，他们通过个人奋斗打天下，消费水平、层次成为他们新的身份的标志。随着都市大众传媒和大众文化的发展，市民受教育程度和收入水平的提高，以及工作性质的改变，他们对精神消费的需求也在增加。20世纪二三十年代是上海发展的黄金时期，作为全国金融中心和文化中心的上海，工商业、传媒业、服务业、教育、医疗、文艺等都是走在全国的前例，城市中是公司林立，店铺云集。都市工商业的发展，现代物质空间的建立，使人员结构发生了变化。当时上海市民以第二、三产业为主，商业从业人口占20%，他们有条件有时间参加娱乐活动，进行精神消费。

“任何人把1912—1949年的中华民国，与其以前的晚清，和其以后的中华人民共和国相比较，对于这些年外国人给予中国人生活的影响，甚至参与到中国生活中的程度，都会为之震惊。”①

西洋的广告思想也带来了许多新的变化，“（20 世纪 20 年代）名人身体力行在证明式广告中渐渐成了常用手法，在战后（指第一次世界大战）迅猛地发展起来。证明式广告中再也不出现人们痛苦辛劳的景象，而是转而赞美歌手、演员等人充满英雄色彩的蓬勃活力——这些人吸着幸运香烟，用力士香皂洗浴，食用弗莱施曼发酵饼干”②。

一、现代商品广告与生活观念改变

都市化发展促使上海的工商业快速膨胀，商店、银行、茶馆、浴室林林总总。自 1850 年上海第一家清洋布店开办到 1900 年，清洋布店已有 130—140 家，杂货店也在 10 年间增至 100 多家。商业网点的形成“把近代广告产生的动力由生产领域转入流通领域”。③ 作为商业性时尚类刊物的《良友》画报，其广告也多为现代商品：药品、化妆品、保健品、乳品，手电筒、钢笔，烟、酒、茶，等等。其中，中国货广告占多数。作为中国最大轻工业制造中心的上海，有着众多自己的品牌，如霞飞化妆品、宝华干牛奶、红灯牌收音机、中华牙膏、天鹅牌丝袜等。这些现代商品广告已不再是单纯介绍商品性能，而是运用了现代意识或传统元素赋予商品意义，使商品变成了身份、地位或美丽、时尚的符号，使人们将对商品的消费与身份认同联系起来，或者是高贵的，或者是时尚的，或者是健康卫生的。“广

---

① 费正清：《剑桥中华民国史 1912—1949 年》上卷，中国社会科学出版社 1994 年版，第 1 页。

② ［英］杰克逊·李尔斯：《丰裕的寓言——美国广告文化史》，任海龙译，上海人民出版社 2005 年版，第 162 页。

③ 亦鸣：《近代上海广告文化》，《上海大学学报》1992 年第 2 期。

告设计上的艺术化倾向是近代上海广告的时代特色，这使广告从传递商品信息的一般媒介变为一种吸引、激扬社会消费心态的城市文化。”[①]广告无疑是为了促进消费，但这些现代商品广告的作用除了引领消费以外，还能改变人们生活观念，特别是在上海这样外来人口不断涌入、农业文明与现代文明共存的新兴都市，现代商品广告教会了更多人新的生活方式。

例如占《良友》画报广告总数一半以上的书业广告，在扩大消费的同时，普及了教育，使普通大众养成了读书看报的习惯。钢笔广告除了为人们介绍书写工具之外，还有一层时尚的意味，其实是文化的魅力，说明有文化更能令人受到尊敬。西药广告在介绍治疗疾病的药品同时还带来了新观念，并因此而改变了人们的卫生习惯。口气、狐臭在中国传统文化中都是肉体的不洁，是应该避讳的词语，更不应该在大庭广众之下提及。在现代性语境下，肉体成为公共话题，广告中直言不讳地宣告去除口气、狐臭的办法，在《良友》画报广告中经常出现的“窝多露”广告，直言“毋侵犯友好请用……”健美、清新的体魄成为人们追求的美好目标，在此目标下人们认同了尊重肉体存在的观念，并从卫生习惯开始改变。同时人们对健康和美的意识也被唤醒，漱口水和腋下除味灵从广告走进千家万户。对肮脏、污染、细菌有消除作用的商品还有香皂、洗涤液等，广告将它们与美丽的肌肤联系在一起，于是使用香皂成了人们的日常习惯。

《良友》画报的现代商品广告在促销各类家用商品的同时，也在构建现代家庭观念。现代家庭最重要的是家庭上成员的身体健康，进而才能美满幸福。“清导丸”“韦廉士大医生红色补丸”是用来保健的；“桂格麦片”“华福麦乳精”“宝华干牛奶”是用来补益小儿成长的；“所梳敦特牙膏”“儿安氏牙香膏”是用来清洁牙齿的。柯达相机，百代唱片，煮饭电炉、自来火

---

① 亦鸣:《近代上海广告文化》,《上海大学学报》1992 年第 2 期。

炉、电风扇、电话，这些现代商品提升了家庭的生活水平，营造出健康幸福的家庭氛围，使人们对现代性家庭及生活充满了向往。

二、新的健康意识带来的新市场

健康医药类广告是《良友》画报上数量最多的广告类型。值得注意的是，《良友》画报上刊登的大多数食品广告也是以健康生活为主打的。民国政府对于健康卫生十分重视，内地许多其他城市政府也纷纷推动各种健康活动。其时的社会意识，往往把中国贫弱的原因归结于国民个人体质的病弱，宝华干牛奶的广告上也写出了有名的广告词："欲强国必先强民，欲强民必先强身。"杨祥银所著的《近代上海医疗卫生史的另类考察——以医疗卫生广告为中心的分析（1927—1937）》[①]一文，对《申报》上的医疗卫生广告做了考察分析。文章认为，医疗卫生广告在民国1927—1937年间频繁出现，不只是出于商家的商业利益考虑，也有较强的政治性原因。民国时的医疗卫生广告"把中国贫弱的原因归结于国民身体的病态……在这样一个逻辑下，卫生作为一种日常生活行为，因为对于强大国家的向往与渴望，而变得富有浓厚的政治寓意"[②]。

在《丰裕的寓言——美国广告文化史》一书中，杰克逊·李尔斯认为20世纪初期美国广告业全神贯注于个人的身体健康，"对清洁卫生的注重……在之前至少半个世纪内，都是资产阶级文化的中心。随着技术进步，

---

① 余新忠:《清以来的疾病、医疗和卫生——以社会文化史位视角的探索》，生活·读书·新知三联书店2009年版，第338—356页。

② 杨祥银:《近代上海医疗卫生史的另类考察》，载《清以来的疾病、医疗和卫生——以社会文化史位视角的探索》，生活·读书·新知三联书店2009年版，第343页。

肥皂和清水越来越普及，这种含义也日益加深。对那些渴望要向上攀爬的人来说，个人卫生是至关重要的……”①。20 世纪 20—30 年代，众多现代性产品涌入上海，其中的大多数与食品、健康和美丽形象有关。这对于上海市民的生活方式所产生的影响是革命性的，广告逐渐产生了建构生活形态、管理人们日常消费的功能。

三、广告中的休闲生活——精神消费内涵

20 世纪二三十年代上海社会相对稳定，都市化发展较快，上海已成为全国的经济中心和文化中心，政治的相对边缘化和文化的多元化，以及上海人口的异质性，使上海人对生存和生活方式有了更接近现代性的理解。生产力水平的提高使人们的收入增加，商业从业者和文化事业从业者人数的增加，使更多人有了闲暇时间，从商的人们需要聚会交流，其他职业的人们需要放松减压，年轻人面对社会快速发展需要不断学习提高。在满足了温饱需求之后，上海人对精神生活的需求大大增加。现代化都市环境使人们摒弃了日出而作日落而息的传统习俗，夜生活被视为必需，精神享受成为创新的源泉。因此，读书、看报成为上海读书人乃至商人的习惯；舞厅、咖啡厅、西餐厅成了人们交流沟通的好去处；看电影、游泳、旅行成了亲朋好友放松娱乐的好项目。新的消费模式与消费观念就这样应运而生，理性化和现代化是其突出表现，时尚性仍然是这一时期消费的特点。随着人们生活的丰富，交流的日益广泛，香烟成了社交中身份的象征、时尚的代表，因而也是广告的宠儿。

---

① ［美］杰克逊·李尔斯：《丰裕的寓言——美国广告文化史》，任海龙译，上海人民出版社 2005 年版，第 124 页。

香烟因“有害健康”而被拒斥，但又因其能够“消除疲劳”而被割舍不下，但在20世纪20—30年代使其流行的不是这两点，而是人们通过广告赋予了它“身份”“地位”“摩登”等符号意义，使它有了文化价值，成了社交工具，因此，人们对香烟的消费已超出了物质需求的层面，上升到了精神层面。《良友》画报作为时尚杂志，面对中产阶层的读者群，营造时尚、悠闲的氛围，是香烟广告的理想平台。香烟的符号价值——时尚、尊贵是《良友》画报的风格诉求。《良友》画报的香烟广告与书业广告一起，形成了《良友》画报广告的时尚性、现代性的精神消费内涵。《良友》画报的香烟广告无论是品牌代理还是宣传，均以现代物品和空间精心设计：或是办公室，或是家庭中；或是淑女，或是绅士；或是轻松愉快地交谈，或是亲切的关怀；人物角色无不衣着华丽；空间无不现代化，均体现着成功男人的风度和美丽女人的悠闲、自如。如美丽牌香烟广告（第153期、第164期和第171期），都是将香烟与男人的成功和女人的爱情联系在一起，因为香烟是风度的象征，是时髦人士交流必备的物品。第150期白金龙香烟广告只有3名时髦女子在现代居室中吸烟交谈，营造的是现代都市女性完全不同于传统的生活方式场景。中国南洋兄弟公司在《良友》画报上推出了6种香烟品牌广告，都是突出香烟的高贵和品质，如“质味超群，仕女良伴”等。这是广告的意识形态引领，它将人们的梦想投射于产品之中，使人通过消费产品达到实现梦想的心理满足，所以人们愿意为之消费。《良友》画报香烟广告表征了20世纪20—30年代上海社会人们的消费需求已从物质到精神，甚至已成为炫耀性消费。人们从商品的符号意义中获得身份认同，满足了精神需求和社会融入感。

《良友》画报上刊登最多的是书业广告，在第1—174期中共有书业广告 900 则，即每期的 7 则广告中有 5 则和书有关[①]，占一半以上。这与良友公司的发展规模和办刊宗旨有关。良友公司旗下有多种杂志、图书，还有画册、唱片等，这些出版物大都在《良友》画报上进行整版宣传，几乎每期目录的前几页都是书业广告。除了对自己出版的书刊进行宣传，《良友》画报也为其他出版社刊登广告，如第 1 期上的"申报报馆制版部"，第 139 期的《申报》《新闻报》《文汇报》等其他报的宣传。还有商务印书馆、中华书局、光明书局等都在《良友》画报上刊登过广告。良友公司也在《申报》等报刊上刊发过广告。这一方面充分体现了良友公司以开蒙民智为己任的办刊思想，另一方面也映射出彼时上海社会书业市场的繁兴。上海作为全国文化中心，汇聚了文化、教育、科学等方面的大批人才，他们以新知识新思想创造出源源不断的文化产品，这些产品被机器批量生产出来进入大众文化市场。这些出版物普通大众都能够消费得起，改变了以往文化被少数精英控制的局面。良友公司印刷的流行歌曲就曾流行一时，成为良友公司收入的重要来源。其他画册、图书也是新一代知识青年消费的主要对象，读书、看报已成为上海普通大众精神消费的一部分。

第三节 《良友》画报广告对民国女性形象的建构

新西兰奥塔哥大学的帕奥拉 · 沃希（Paola Voci）研究了《良友》画报的视觉文化，她认为"恰恰是当女性不与故事同时呈现的时候，或者只剩下她们的身体或者身体的部分的时候才造就了《良友》画报最引人关注的

① 王丽丽:《浅析 1945 年前〈良友画报〉中的书业广告》,《山东图书馆学刊》2011 年第 5 期。

瞬间。作为点缀性的、破坏性的图像，女性的身体、面容、大腿、服装，甚至在某些情况下女性的裸体充斥了《良友》画报的版面”[①]。

徐沛针对帕奥拉·沃希的观点论述了《良友》画报上刊登的梅兰芳牌香烟的广告，“广告便是梅兰芳形象被符号化地应用并且被消费的一个重要体现”[②]。梅兰芳所扮演的女性戏装形象成为被消费的对象。

吕新雨则认为，《良友》画报不只是利用女性形象作为现代性消费品，同时具有启蒙意识的追求。《良友》画报表现的“新女性”也被赋予了复杂的内涵，不仅是时尚潮流的，由化妆品和高档服饰包裹的女性化形象，还有独立、开放、富有冒险精神和高等文化素质的另一种精神内含。《良友》画报所刊登广告中的女性形象是与其核心内容和价值观相辅相成的，也呈现了新旧融合的特征。

“1920 年代，一些如《良友》画报的重要杂志整本刊登‘校花’的照片上。在很多人眼中，上海最华丽的‘奇观’正是女性的象征性消费和女性公共形象的商品化。”[③]相关研究者均对近代报刊中的女性形象给予了高度的关注，叶文心的研究强调了民国时期广告中女性形象的重要性，认为其形成了一种对于中国和世界来说均堪称独特的现代性生活景观。

---

① Paola Voci, *Visual dissent in the 20th century China: A Study of Exhibitionist mode of Representation in China, literature and Media*. (UMI.ProQuest Information and learning Company, 2002), p. 113.

② 徐沛：《图像与现代性——中国近代画报视觉文化研究（1884—1937）》，四川大学，博士学位论文，2008 年。

③ 叶文心：《上海繁华——都会经济伦理与近代中国》，时代出版公司 2010 年版，第 80 页。

一、新旧形象的融合

上述女性的形象，在《良友》画报广告中时有出现，其与《良友》画报中一直塑造的新女性形象并不十分类同，可以说是混合新旧特质的一种女性形象。甚至《良友》画报广告中还出现了一些比较有诱惑性的女性形象。很多图画都描绘女人伸着胳膊、露出大腿、穿着薄纱、身处闺房。这些带有诱惑性的形象激起了欲望和占有欲，广告中的女性尽管多数处于中央的地位，但她们不过是展示商品的幌子，而这些商品包括香烟、化妆品、药品、电器等。并不是穿华服、住豪宅的女人，就能完全代表上海物质主义和商业主义的全貌，但是这些被许多商品围绕的女性，却构成上海商业现代性的景象。

这也反映了《良友》画报对女性地位认识的多面性，一方面新女性独立自足，健康美丽的形象是最值得赞扬的，而另一方面女性美又日益成为男人的消费品。推销新东西，在于把旧的灵魂融入其中，因此《良友》画报广告表现出的女性形象是一种中西结合的独特形态。

图 5-3 《良友》画报第 11 期，金龙牌香烟整版广告

《良友》画报上出现的第一个吸烟女性形象，是南洋兄弟公司的白金龙牌香烟广告上的吸烟女士。白金龙广告上不止出现了一个女性吸烟的形象，第 11 期的金龙牌广告（分为白金龙和红金龙）（见图 5–3）与之前的广告就有所不

同，之前的吸烟女性为半身像，而这幅广告更加肖像化和象征化，画中女士拿烟的姿势和眼神都给人一种世故的感觉。因为吸烟女性形象的不断出现，吸烟在女性中也逐渐成为一种表征性的行为。相对于其他广告中的女性，吸烟的女性形象往往显得更加雍容华贵，并有一股神秘气质。“抽烟在20世纪初期的中国名媛中成为时尚，要归功于这类广告的说服力。有地位的女人炫耀金质的滤嘴和烟盒——抽烟变成女性世故的新标志。”

“女人和美丽的联系好像是天然形成的，但是在20世纪之前女人并没有走到大众视野的中央，女人的形象在这之前也从未被重视。”[①] 而美女形象在这一时间突然大量出现在广告上，读者在最初的震惊后很快也接受了这种女性形象，并开始自觉地消费这些美丽形象。

二、现代而美丽的新女性形象

恩格斯在《家庭、私有制和国家的起源》中指出，“妇女解放的第一个先决条件是一切女性重新回到公共的劳动中去”[②]。中国的女性话语崛起则始于“五四运动”，“五四运动”从精神上打破了几千年的传统对中国女性的束缚，虽然这以后的女性话语仍然是在男权语境下挣扎，但是女性走向社会参加生产劳动却渐成潮流。在生产劳动中，女性确立了自己的独立地位，不再是单纯传宗接代的工具。作为现代都市的上海，更是为女性提供了社交、工作、提升自我的场域。从女画家、女飞行员、女运动员、女作家、女演员到普通女工，在《良友》画报上频频出场的她们，成为上海社会现

① Laikwan Pang, *The Distorting Mirror-Visual Modernity in China* (Honolulu: University of Hawaii Press, 2007), p. 102.

② ［德］恩格斯:《家庭、私有制和国家的起源》，人民出版社 1972 年版，第 160 页。

代性的表征之一。

上海女性之所以能够成为上海都市现代性的象征符号，与《良友》画报对女性的时尚塑造是分不开的，但其根本原因还是上海女性在社会经济发展中发挥了应有的作用。此外，上海都市的发展，使与现代经济相配套的思想观念、制度设计能够在上海落地生根，结出适合自己生长的果实。首先，在当时的社会，只有都市能够为女性提供接受教育、参加工作、走上社会参与交流乃至消费的条件。随着上海现代经济发展而建的一批外商工厂，以及 20 世纪 20—30 年代崛起的一批中小民营企业（纱厂、纺织厂等）在上海招收了一大批女工，还有一些企业、学校、医院、机关等也开始招收女性员工，使上海的多数女性能够走上社会参加工作。其次，当时上海的新式教育最为发达集中，从中学到女子大学，上海女性最有条件接受现代教育。新思想、新观念使她们不再依赖男人生活，她们参加工作，参加社会活动，在社交生活中扮演着重要角色。作为都市时尚杂志的《良友》画报，上海女性自身的独立与对时尚的追求是其最好的符号元素。《良友》画报除了每期以女明星或名媛作封面图像之外，在内文中也经常使用女性照片，并配有文字介绍。这些照片上的女性除了明星之外，多是职业女性或女学生，如女画家、女飞行员、女政治家，她们都是女性独立的典范。第 120 期中的“新女性——上海职业妇女一瞥”图片，分别介绍了现代女性从事的职业：播音员、打字员、接线生、美容师及报馆中的主任。《良友》画报上的女性专栏就有“妇女生活”“妇女界”“妇女之页”等多个。《良友》画报对女性的关注，一方面是出于刊物生存的商业动机，以女性作为消费对象来吸引受众，带动读者消费刊物；另一方面也说明了上海女性消费群体自身存在的价值。《良友》画报中塑造的时尚女性形象是上海女性模仿的对象，上海女性也有能力、有条件通过模仿明星消费使自己更时尚更靓丽。

参加生产劳动使女性能够经济独立，摆脱家庭的束缚和对男人的依附。

现代大工业使女性集中参加生产劳动，她们能够相互交流、开阔视野。女演员、名媛、女学生更成为都市时尚的引领者，大都市的商店、影院、公园以及交通、通信等所有的现代生活设施，使她们有了参与社会交流的空间，让她们学会模仿时尚、创造时尚，成为时尚的弄潮儿。多元文化环境，为报刊、服饰、广告提供了时尚元素。异质度高的移民群体，给上海带来了创新机制和消费需求，新式教育、新职业和新生活方式，形成了新的审美标准和品位。新的生活方式中，精神文化需求不断提升、扩大，文化需求成为时尚。《良友》画报发生于这样的场域，文化需要和时尚追求就是它最大的生存市场。人们通过消费商品来建立自己的身份认同，消费又是时尚的基础。上海是时尚的根据地，时尚是上海的灵魂。上海的女性知性、独立，她们走在时代前沿，所以时尚选择她们作为表征符号。《良友》画报选择上海中产阶层作为主要读者群，以时尚作为表征，在确立杂志品位的同时也建构了女性想象性消费空间。在这个想象的空间里，女性通过性别身份认同和阶层身份认同来选择自己的消费。因此，化妆品广告在《良友》画报广告中所占比例仅次于书业广告，这说明时尚是当时上海女性追求的目标，化妆品是女性消费的主要商品，《良友》画报契合了上海社会的发展潮流。其实这并不奇怪，在男权社会，女性是被欣赏的对象，女性的性别认同首先要由男性社会来确认，所以使自己美丽是都市女性与男性交往的第一个条件。化妆品广告大都以美丽、健康、自由为主题，当然，健康、自由是现代观念，但是自由的前提是要美丽，而美丽的标准则是在男性视角下建构的。在对这种标准的认同下，化妆品广告告诉女性如何使自己的皮肤白皙光泽、如何使嘴唇鲜艳诱人、如何使指甲美艳，甚至眼睛如何媚人。

《良友》画报广告中对女性身份认同的另一个重要表征是时尚——新女性，尽管是在男权视角下的审美标准，但与传统观念还是有很大的不同。

《良友》画报无论在文字、图片上，还是在广告中，都突破了传统对女性精神上的束缚，执着地强调着女性的独立和自由意识。故在广告中建构阶层身份认同时所塑造的代言是演员、名媛、贵妇，封面和内页图片和介绍中还有知识女性、政界女杰、各界女名人，赋予她们的是时尚诉求，除了将商品赋予“时髦”“优雅”等符号意义外，还增加了知性、健康、独立等现代意识。“时髦”商品和新的都市生活方式共同建构了“新女性”的时尚标准。[①] 上海是职业女性集中的地方，自然是广告中的金头香水、百雀香粉、蔻丹美指油、旁氏白玉霜、儿安氏美容膏等品牌化妆品的最大消费地。即使上海的普通女工，她们用不起蜜丝佛陀等明星品牌化妆品，但模仿明星们的风度，用檀香皂令自己的皮肤清洁和卫生，用“珂路搿”牌牙膏清洁牙齿也使她们在对上一阶层的模仿中获得自我满足。《良友》画报广告所建构的摩登女性的现代生活空间，为所有女性树立了想像范本。

与美丽和消费有关的还有女性服饰，女性服饰也是《良友》画报时尚表征的重要符号。通过消费来展示个性，是商品符号化后人们身份认同的需要，最典型、最集中的反映是人们对服饰求新求异的需求，同时时尚最明显的表征也是服饰。作为“中国时装之都”的上海，一直引领着中国服饰的潮头。在追逐服饰时尚的潮流中，旗袍最具代表性。旗袍最初作为中国的民族服装，在不断吸收西方服饰剪裁审美特色的基础上，经历了无数次的改良与变化，最终成为吸纳西装优点而不失东方特色的独具魅力的民族服装。这一过程能够解读出当时社会的人文环境与消费观念的变迁。

20 世纪 20 年代旗袍出现在《良友》画报上时，还是传统的马夹旗袍，即长袍外套一马夹，后来改为旗袍，仍是长及脚踝，腰身直线剪裁。到了

---

① 邓银华、范苗苗:《论〈良友〉画报广告的女性身份认同》,《新闻世界》2015 年第 1 期。

30年代，随着高跟鞋的流行，旗袍的长度越来越短，由脚踝至小腿再侧面开衩到大腿，腰身也改用斜线剪裁，女性的婀娜曲线展露无遗，且款式更趋高贵豪华，面料由棉布升级为丝绸，无论是名媛贵妇还是平民妇女，一袭旗袍都尽显东方女性的妩媚典雅。而旗袍领子的高低、袖子的长短都体现着人们时尚观念的演进。《良友》画报对于旗袍的变化十分敏感，曾多次登文介绍，封面女郎也尽展旗袍的魅力。

《良友》画报封面女郎的服饰一直走在时代的前端，除了旗袍，各种时装也都第一时间出现在《良友》画报上，如第118期封面是短装，第16期封面是便装，其他还有西式晚装、运动装、泳装等。《良友》画报还及时介绍了当时国内外的时装博览会（第36期、第52期），向读者推介国内外最流行的时装趋势。《良友》画报第22期、第25期分别有“冬季装束”和“少女应用便装”等的图片介绍。第80期还整版刊登介绍当时最流行妆容及详细操作方法的图文。第31期也有新装介绍，从领围、衣袖、腰围到衣襟的点缀，十分详细。

《良友》画报的编辑们以新思想、新观念为诉求，以倡导现代文明生活方式为己任。第7、第8两期推出了婴儿摄影大赛，同时推出了“卫生的育儿方式”。第99期用一整版推出了别出心裁的“标准女性”图文，图片为圆形环绕，人物照片与文字相对应，标准为：“如丁玲之文学天才，如胡木兰之侍父尽孝，有林鹏侠之冒险精神，如杨香琼之入水能游，如郑丽霞之舞艺超群，如胡蝶之名闻四海，如哈同夫人之富有，有何香凝之艺术手腕，有宋美龄之相夫贤德，如宋太夫人之福寿全归。”这看似不相关的标准，其实是《良友》画报的编辑们对现代女性的认知和想象，他们以此建构新女性的理想目标。第61期“康健美”用两个版面的照片展示泳装女青年的健康美。

时尚趋同性，使消费行为成为人们凸显身份、个性，实现自我价值的一种新的方式。[1]因此，时尚总是能够带动流行，而当时尚由少数人的消费变为多数人的趋同时，时尚就变成了流行，这时新的时尚又会出现。都市就是这样在时尚和流行中不断穿行，引发人们的消费欲望。服饰的变化和女性身体消费的出现，反映了在20世纪20—30年代妇女解放的背景下，上海这个独特的现代性都市场域中发生的价值观念、道德取向、消费审美和消费哲学的变迁。在这个过程中，中国传统观念中对女性的束缚逐渐褪去，节俭尚朴的传统也由新的消费观念所取代。传统和现代融合，单一向多元转变。新的消费观念应都市的发展而产生，《良友》画报的广告在对都市生活的想象中，构建了都市的消费文化空间。

第四节 《良友》画报广告与民族主题

一、为抗战做广告

中国近代的历史充满了屈辱和苦难，国家屡遭战乱积贫积弱，百姓痛苦不堪。然而在这个历史过程中，中国人民从未屈服，特别是有识之士，他们殚精竭虑，为国家谋取出路。媒体是当时爱国者和进步人士的重要武器。从近代刊物到“五四”时期的《新青年》等一大批新媒体，促进和影响了关于现代民族国家的想象。《良友》画报虽然是商业性质的时尚类杂志，以都市生活为表征对象，但画报编辑作为生于斯长于斯的新型知识分

---

① 徐国红:《〈良友〉画报：民国时期中国时尚档案的记录者》,《实务》2013年第3期。

子，国家的命运和民族的前途也是他们最为关注的焦点，这从他们“以出版业保国育民，以印刷业富国强民”的出版思想中可以看出。

虽然《良友》画报的广告集中于宣传现代消费品，但其内容中对于战争的表现也构成了一种公共宣传。这种公共宣传对国家的命运表现出了极大的关注，对现代性国家进行了想象性构建，在建构过程中“参与了大众媒介在舆论场域实践民族民主国家的政治化进程”[①]。作为长期以来为“现代性做广告”的潮流媒体，遭遇战火侵袭后，《良友》画报很快明白自己的安身立命之所不再是宣传现代性和都市潮流了。

《良友》画报前期在推崇时尚、介绍科技和艺术的同时，也会报道时政人物和国内外时事，后期则是对抗战的报道和对国家民族命运的深切关注。如 1926 年 11 月，为纪念孙中山先生逝世周年，伍联德策划出版了《孙中山先生纪念特刊》，全面塑造了一代伟人的光辉形象。1929 年 5 月 28 日是“国父”孙中山的“奉安大典”，《良友》画报积极策划跟踪报道，在第 37 期中用了 5 个版面刊登图片介绍全过程。图片分 5 个部分，分别从北平出发时的“万人空巷”到沿途各站的悲壮气氛，以及中央党部十八国公使致祭，全面报道了这位“为万民而生的伟人”的隆重葬礼。在孙中山逝世一周年到五周年的忌日，《良友》画报都刊发纪念专版，通过图片和文字纪念缅怀，表示了极高的崇敬之情。孙中山是推翻封建统治维护共和的伟人，象征着国家的民主和统一，对孙中山先生的崇敬，表明了《良友》画报编辑的民族主义和救世情怀，以及对一个强大民主现代化国家的憧憬和希望。也是基于此，《良友》画报的编辑们将国家的希望同样寄托在正统的国民政府和领袖蒋介石身上。在《良友》画报上，蒋介石的形象多次出现，都被

① 吴果中：《都市文化语境下的乡村图像与市民文化》，《湖南师范大学社会科学学报》2008 年第 5 期。

赋予一种强大的象征意义。在抗战中《良友》画报更是将蒋介石作为了一个符号——带领全国人民团结抗战争取胜利的旗帜："总裁在这次求民族自由解放的神圣抗战中已成四万万人民心目中的英雄。"

《良友》画报每期都设有时政专栏，并通过图片报道和文字分析解说世界局势以及对中国的影响，对于发生在国内的侵犯我主权事件，《良友》画报都是以新闻策划方式跟踪报道，揭露真相。1928 年 5 月 3 日发生了震惊全国的济南惨案，《良友》画报在当月的第 26 期进行了详尽报道，共用了 8 个版面。照片一部分内容是日军向我军疯狂扫射，夺城后举枪庆祝的镜头，另一部分是被割去鼻眼的战士尸体和百姓尸体的镜头，两相对比，震撼国人。文字部分有特稿《五三济案经过》，文章痛数日军暴行，全面剖析了日本对华的野心，对蒋介石的不抵抗政策进行了策略地讥讽。[①]

以专业化编排与商业化经营而成功的《良友》画报，在民族危机面前充分展现了自己的另一面——国家民族意识。1931 年"九一八"事变，激起了全国人民的反日情绪。在国家危亡面前，《良友画报》和其他媒体一样揭露事件真相、进行舆论抗争。此时的《良友》画报以各种形式构建民族国家的想象，充分利用画报表现形式的多样性，将图、画、文字结合起来，全面为民族、抗日主题服务。如在当年 10 月出版的第 62 期，前 3 页都是整版的抗日内容，第 1 页是岳飞"还我河山"的字迹，以示中华民族收复失地的决心，唤醒民众的国家民族意识；第 2 页是漫画，一只耗子（日本）掠夺中国（母鸡）之鸡蛋（东三省），揭露日本的狼子野心，说明文字为"耗子不会生蛋，妄图掠夺此蛋为己有"；还有东北黑土地的照片，说明为"暴日侵占之东北疆土"，"还我山河"的大字在题头十分醒目。同一期

① 刘永昶：《大众文化认同与消费主义策略——论〈良友画报〉的电影栏目叙述》，《南京艺术学院学报》2008 年第 2 期。

还有多处宣传抗日的内容，如“暴日侵占沈阳真相留影”，有两个版面的照片，其中有“奇耻大辱永矢不忘：沈阳城墙被日军据为战垒向我军民射击实况，”还有漫画“国难感慨”“人而兽之暴日关东司令”及与日下棋之蒋介石：“先看此局，看谁胜谁负再解”，以此讽刺蒋介石的不抵抗政策。在接下来的第63期、第64期等，一直以各种形式揭露“暴日侵占沈阳经过”，如孙师毅的《辽吉事件之过去与现在》（第63期）。“就算中国被人欺负到国不成国，而国民之心未死，若干年后必有雪耻的一日……，无论在任何的时节，都以乐观的态度，祝读者们努力。”①《良友》画报是在表达自己对抗战胜利的信心，也是在鼓舞读者的信心。《良友》画报充分利用自己的出版资源，将搜集到的大量照片与文字素材结集出版，形成单行本画刊。如《日本侵占东北真相画刊》《锦州战事画刊》《黑龙江战事画刊》等，帮助读者了解历史和事实真相，受到了社会各界的广泛欢迎。

如果说抗战以前的《良友》画报是以都市时尚生活为主要表征，那么抗日战争爆发后，《良友》画报则一洗“铅华”，以战士的姿态站到了宣传抗日的前沿。此时的《良友》画报已脱去了都市时尚的华丽外衣，“一切为抗战服务”成为刊物的宗旨。作为时尚杂志的《良友》画报，自创刊伊始一直是以美女作为其封面的主角，以时尚和消费吸引读者。抗战爆发后，这一坚持了多年的做法也随之改变，封面上出现了蒋介石（第131期）、冯玉祥（第132期）等军政长官的照片。《良友》画报用心良苦地将这些不同阵营的抗日军政长官照片置于封面，无疑是在提振全国人民的抗日情绪，以强大统一国家民族的想象来团结全国人民齐心抗日。除了揭露真相和控诉日军暴行，《良友》画报还积极宣传中国共产党的英勇战绩和军队建设情况、国内外民众对抗战的支援等，宋美龄、宋庆龄、于凤至都曾作为慰问

① 《良友》画报第63期影印版。

劳军的代表出现在《良友》画报上。更为可贵的是，在民族统一战线的旗帜下，《良友》画报在第131期刊登了潘汉年的长文《对日抗战中的第八路军》。对八路军和新四军的宣传，显示了《良友》画报支持全国团结抗战的态度，以及维护国家民族统一的决心。第139期封面则是一位穿军装戴军帽端着刺刀的女子，还有骑摩托的男孩——“他终会长大”。

这些对战争立场鲜明的宣传，除了看到《良友》画报强烈的民族情绪外，也可以看出《良友》画报对战争带来的机遇的把握，为战争做广告，虽然看起来是一种义务宣传行为，但是却并没有让良友公司遭受经济上的重大损失。“孤岛”时期的上海，仍然有很多报刊公司保持着正常的运营。这是因为，人们对战争资讯的需求填补了对其他资讯的需求。《良友》画报在战争时期，依靠着人民对战争胜利的渴望，以鼓舞军民士气为手段，很好地维持了刊物的销路。

二、《良友》画报广告与国货意识

20世纪初，上海的民族资本主义工商业进入大发展时期，1912年，中华国货维持会在上海成立，国货运动开始喧沸，到了五卅运动，革命高潮汹涌澎湃，国货运动也达到了历史的顶点。这一时间正好是《良友》画报诞生的两年前。

在这一时期全国范围的报刊上，爱国意识都得到了充分的体现，各种广告也利用人们的爱国情绪宣传国货，其中南洋兄弟烟草公司就是最典型的代表。南洋兄弟烟草公司自创立以来，就专注于以国货为其宣传诉求。在《良友》画报第1期刊登的整版广告上（见图5-4），一举使用了女性形象、家庭空间和爱国意识三个表征。其中的爱国意识主要体现在文字上：“美人可爱，香烟亦可爱，香烟而为国货，则尤可爱。”这里将美人、香烟、

图 5-4 《良友》画报第 1 期，白金龙香烟广告

国货做了关联，国货是其美好品质的顶点，观者也会想起白金龙一直以来的广告策略，即宣扬购买国货的民族意义。

中国的民族工业在 20 世纪二三十年代虽然得到了发展的机会，但是在西方资本的强势挤压下生存仍十分艰难。民国时期的中国民族工业就如一棵幼苗，尚无竞争能力。上海的民族企业多为日用品制造业，还基本是手工制作，管理和生产方式都无法和西方企业抗衡。西方已是大工业生产，其产品质量上乘、价格便宜。国产商品由于工艺落后所以质量差而成本高，价格就相对较高。故当西方商品大量涌入中国市场时，国人首先选择外国产品。而且这种消费在满足了基本需求之后，变成了一种炫耀，唯用洋货才能显出现代、时尚，由此崇洋之风愈演愈烈。虽然 1933 年被定为“国货年”，1934 年被定为“妇女国货年”，1935 年被定为“学生国货年”，但是那几年洋货的输入量却连年增加。① 这是由于国人的崇洋心态越来越普遍，从上层到民众无不以用“洋货”为摩登，如在 1934 年元旦妇女国货年运动委员会交谊舞大会上，“数位妇女运动领袖号召女性购用国货的同时，其所着皮领与高跟鞋即系舶来品”②。可见“摩登”已成为上海都市的风尚，正所谓“有

① 李天琴:《裂变的文化——近代上海市民的消费图景》，硕士学位论文，复旦大学新闻学院，2008 年，第 36 页。

② 老君:《妇女国货年半印象》，转引自周石锋《阶级、性别与空间：民国时期崇洋消费文化的生成与传播》，《贵州社会科学》2013 年第 10 期。

物皆摩”“无事不登”。炫耀性消费使人们追逐洋货，国货的命运可想而知，故民族企业家和爱国人士发起了国货运动，以爱国为口号，以振兴民族工业强国福民为诉求，无论这场运动效果如何，对于提振国人的爱国精神还是大有裨益的。这场运动是民族商人积极为之，各界有识之士努力倡导，媒体更是大行方便。

《良友》画报广告的数量相比其他大型报刊，特别是如《申报》一类的大型日报来说并不是很多，除了化妆品、药品和书业广告，其他生活用品的广告为数更少。但在这不多的生活用品广告中国货广告占比却不少，其中多有爱国、国货的标语。如南洋兄弟烟草公司在《良友》画报上就连续刊发广告，推出多个品牌，第 17 期的广告语是:“打倒一切劣品，挽回外溢利权，筑固实业基础，倡吸国产名烟。”昆仑酿酒公司的“英雄牌”白兰地和红、白葡萄酒也多次在《良友》画报作广告，明确提出“提倡本国货，打倒舶来品”（第 5 期）。第 62 期“美术化的孔雀领带”广告语是“中国人应提倡国货”。第 63 期“狗头牌”丝毛线袜的广告语是“狗头牌出品的精良——是国货中的急先锋”。还有陈家庚的“完全国货”（13 期），大中华树胶厂的“抗日的国货”（159 期），光明制造电器厂的“国货电气熨斗出现了”（156 期）。这些国货广告记录了中国民族工业在半封建半殖民地时期艰难困苦的挣扎和不懈的努力。如果说《良友》画报的编辑们在画报中对上海的车夫、灾区的难民、弄堂的苦力怀有悲悯之心，那么他们对民族工业则是怀着希望和期许，富国强民才是他们心底的梦。

第六章　结语

一、研究的结论

通过对《良友》画报第1—132期，以及2期特刊，总计134期中广告的透视和分析，本书得出以下结论。

（1）《良友》画报所刊广告与画报内容或主题大多有相似追求或者较高的契合性，因此选择在《良友》画报上刊登广告可以取得较好的宣传效果。另外还有一小部分广告主是因为与良友图书印刷公司有业务上的往来才会刊登广告。其中，数量众多的现代消费品的广告与《良友》画报“为现代性做广告”的传播角色相符，大量的自身书刊广告则是因为良友公司自身的业务发展，以及广告安排的灵活性考虑而进行刊登的。

《良友》画报的现代性追求在其创刊以后的10年时间内未曾更改，这一点也是其吸引众多现代产品广告主的主要原因之一。

（2）从民族资本主义立场到民族主义的转变。《良友》画报广告以民族广告和欧美广告构成，基本没有日本广告，尤其是表现民族性的国货广告非常多。南洋兄弟烟草公司的民族主义广告已经多次提及，航空公路建设奖券的广告则是因为其自身的爱国性质而进入我们的视野。欧美广告主要集中在化妆品、食品、精密电器等产品种类上，主要是因为这类产品的工业化程度或者技术要求相对比较高，民资工业尚不具备与欧美大厂商竞争的能力。

《良友》画报的民族资本主义立场十分明显，但在经过战火洗礼后，其对民族前程的忧虑取代了其对现代化进程的关注。这也是许多当时的中国人的思想投射，读者在战时对《良友》画报保持了高度关注，也是由于民族命运作为主旋律的强力召唤。

（3）各种现代消费品形成的合力，使得其建构效力倍增。商品拜物教的基本原则——社会以“可见而不可见之物”的统治，在景观中得到绝对的贯彻，在景观中真实的世界被优于这一世界的影像的精选品所取代，然而，同时这些影像又成功地使自己被认为是卓越超群的现实之缩影。按照德波的理解方式，广告至少构建了所谓“世界影像的精选品”的一部分，而《良友》画报也确实有这种努力建构现代性的作为。

《良友》画报因对广告的要求极高，只刊登现代商品广告，如药品、化妆品、食品、电器等，书业广告是《良友》画报刊发数量最多的广告，这也从侧面印证了《良友》画报以普及知识、启蒙大众为己任的初衷。《良友》画报广告在设计上以传统与现代相结合，以摄影与简笔画为主，人物形象生动、逼真。《良友》画报以最先进的彩印技术，大开本、铜版纸印刷，画报高档大气。广告符号则将现代元素与传统元素相融汇，广告商品与画报内容相契合，营造了都市现代生活的消费和文化空间。

当这些元素合为一种景观时，便产生了一种超越现实的生活体验，这种生活体验引导着人们不时将生活定位到广告的角色中。当然这种景观的效用是不稳定的，在重大的社会变迁中无法持续。

（4）对于新女性的定位，《良友》画报广告中的女性形象体现了中西融合的状况。对比晚清，民国时期女性的定位发生了重大变化，新女性是《良友》画报的主体内容中着力塑造的女性形象，其核心品质是美丽健康、勇敢独立、知识丰富等，这些品质延续了新文化运动对女性独立的呼吁。

《良友》画报的广告中表现出了大量新女性的形象，比如三花牌化妆品的整版广告每期都用不同的新女性代表照片来做证言式宣传。另外一方面，《良友》画报广告中对于女性在现代家庭中的地位也提供了定位，不仅要照顾丈夫的生活起居，还得有足够的文化素养，从而相夫教子。“女人必须要得到接受新式教育的机会，才会适合在小家庭扮演现代妻子和母亲的角色。”[①]可以看出，陈旧的灵魂并没有被消灭，女性在家庭中仍然被视为从属性角色。

这些研究结果让我们能够更好地理解《良友》画报广告在构建民国上海新的消费文化和市民意识中的作用。

二、研究的心得与展望

近代广告是在资本主义工商业快速发展中产生的，而中国近代的工商业则是在西方强制贸易下生长的。上海作为距离西方文化最近的城市，在租界的影响下快速进入了国际都市的行列。在这个充满了异质文化的城市中，诞生了中国最多最先进的工商业业态，上海人的观念也在农业文明向现代工业文明的转型中发生了变化，“工商立国”的精神代替了重农轻商的传统观念，20世纪二三十年代的上海呈现出了商业繁荣的局面。工商业的发展直接带动了广告的成长，广告也在传播先进经营理念和文化中促进了中国近代工商业的发展。民国广告虽然以产品使用价值为主要诉求，但现代广告意识已融入其中，如将产品与品位、地位、爱情联系在一起，消费化的特征已经在民国广告中出现。“广告是社会想象和愿望的缩影”，从民

① ［美］叶文心：《上海繁华——都会经济伦理与近代中国》，时代出版公司2010年版，第55页。

国广告中能够看到近代工商业的发展和社会生活的演变进程。

广告的繁荣与近代大众媒体的产生和发展密切相关。大众媒体的传播功能使广告的效用得到最大发挥。报刊作为平面媒体在民国上海是十分普遍的，而《良友》画报以图片的形式面对所有受众，以“生活的趣味”，营造一种“休闲娱乐的轻松感”，“通过摄影作品、美术、文字等，建构了由现代生活、时尚、新女性、民族自救、文化启蒙等多重话语组成的‘上海故事’”①。《良友》画报以先进的商业经营模式和明确的办刊思想，成为民国画报中的范本，其在国内外的广泛影响是吸引广告的最大资本。然而，由于《良友》画报对广告审核极为严格，其广告量并不多，这是《良友》画报最为与众不同的地方，也是其最为人们所称道的地方。正因其刊登广告标准的严格和在内容选择上的洁身自好，保证了刊物的声誉和在读者心目中的地位，使《良友》画报具有了较高的艺术品位和文化价值。

《良友》画报是建立在商业经营基础之上、以都市文化为表征符号的综合性刊物，而这也正是民国上海商业社会的特征，都市文化在《良友》画报中得到了全面的体现。《良友》画报广告也完全是应画报的风格而立，从广告内容到符号语言都契合了“海派”风格。“海派”一词的含义有多种理解，但现代性、时尚性、先锋性应是其主要内涵。“海派”文化特征反应在不同层次的文化主体上有不同的表现，如男人的“绅士”、女人的“精致”。

广告是现实生活的反映，“是社会想象和愿望的浓缩”，但是广告又会“以一种整体的世界观和生活态度影响受众”。《良友》画报的现代商品广告运用现代广告意识有意地引领人们接受现代生活方式。《良友》画报广告中化妆品广告的数量仅次于药品和书业广告的数量。这些化妆品广告以

---

① 於红梅、潘忠党:《国际大都市的想象与诠释——作为符号的〈良友〉画报及其文本》,《开放时代》2011 年第 2 期。

最新的技术和方法，从女性身体的各个部位全面塑造美，构建了时尚现代女性的新范本。也只有上海女性才有能力消费这些“好莱坞女星所用”的现代化妆品，因为她们更有条件参加社交和工作，是上海这个多元开放的文化场域给了她们形塑自我的空间。所以，上海的女性有独特的风格——时尚、雅致、自信。《良友》画报化妆品广告的时尚性适应了上海都市女性的需求，也在上海女性文化形成中起到了观念引领的作用，参与了上海女性“时尚”风貌的塑造。《良友》画报广告中的生活用品都是最时尚的现代家居用具，比如电炉、电锅、电唱机、电话，等等。还有沙发、落地窗帘、日用品、食品，这些物品或是单独作广告，或是在广告的背景中出现，传达着女主人的温柔贤淑或男主人的体贴关怀，不失为一幅因生活舒适而幸福美满的家庭画面。这是都市中上层现代理想家庭的生活，也是普通大众想象的生活。可以说，《良友》画报的生活用品广告参与了都市现代家庭的想象和建构。

《良友》画报的香烟广告凸显了上海男人的绅士风度以及女人生活方式的改变。香烟广告在《良友》画报上为数不少，场景大致有两类：一类是家庭中，风度翩翩的男人温柔地给女人递烟，或女人为事业成功的男人送烟；另一类是男人聚在办公室或女人聚在家中，或热烈谈工作或悠闲聊家常。这里面的符号意义可以解读当时的社会文化：（1）吸烟是成功男人的标志，香烟是成功男人交流的工具；（2）时尚女人聚在一起不再是织毛衣而是边吸烟边聊天。都市的发展使交流成为获取信息的重要方式，交流也成了都市男女生活的重要内容。交流还使上海的男人学会了绅士风度，使上海的女人成为交际场中的花朵。上海独有的都市生活方式通过《良友》画报的香烟广告展示出来。《良友》画报的电影图片是有广告性质的宣传介绍。上海是当时中国电影的生产基地，电影是上海大众文化最具代表性的娱乐形式。上海人与电影有不解之缘，“海派”文化中也有着千丝万缕的电影情结。可以说，《良友》画报在对电影的推介中参与了上海大众文化的建构。

图书广告在《良友》画报广告中数量最多，这既符合良友公司的出版身份，也契合了上海作为全国文化中心的地位。当时的上海既是商业之都，也是文化之都，各种文化思潮在此汇聚，各种科技知识在此传播。良友公司充分发挥自己的资源，大量出版图书和刊物，又在自己的刊物上大量刊登自己书刊的广告，极大地丰富了上海的文化市场，在上海的文化记忆中留下了永久的“良友版”。《良友》画报的封面女郎也是有广告效用的图片宣传。从第1期起《良友》画报的封面就定位使用电影明星照片，以后有多位明星、名媛出场。这些封面女郎承载着《良友》画报的编辑们对于上海新女性的想象。她们的衣着、头发、装扮的每一点变化，都是上海都市时尚的表征，记录着都市现代与传统、民族与西化的矛盾、交织与融合。《良友》画报的封面女郎也因此而成为上海女性文化的符号记忆。

“海派”文化的现代性、时尚性和先锋性，是中西文化交融的结果。西方文明对中国都市的影响最重要的是物化，在物化过程中出现了许多异化的东西，但更主要的是它将人们从传统的禁欲中解放出来，人们的物质欲望得到了肯定，人们不再以传统的权势、宗法去衡量人和事物，个体人的存在受到了重视。在这个过程中，民国广告以商业的目的达到了推动进步、改变人们生活方式的效果。而《良友》画报广告更是以现代商品为依据，以现代生活为目标，在推介商品的同时建构对现代生活的想象，完全契合了《良友》画报的风格，为“海派”文化增加了一道亮丽的风景。更为可贵的是，《良友》画报对刊登广告的严谨态度，体现了真正媒体人的责任意识，是现代出版人可以借鉴的对象。

相对于《良友》画报的历史价值而言，这些结论只能是管窥一斑。在为本书查阅资料的过程中可以明确认识到，现有的关于《良友》画报广告的研究尚不成系统。更大范畴的民国广告这一广告史方向，学术界的研究也才渐入佳境。从晚清到民国的报刊广告史，尚有很多待开发的内容，除了民国广告的系统研究外，针对特定刊物、特定种类、特定广告的专门研究也有待完善。本书仅作为对民国时期画刊广告中较有代表性的一项专门研究，为广告史研究添一块砖。

参考文献

英文文献

[1] Chrisropher A. Reed, *Gutenberg in Shanghai: Chinese Print Capitalism, 1876-1937* (Honolulu：University of Hawaii Press, 2004).

[2] Christopher Howe, *Shanghai-Revolution&Development in an Asian Metropolis*. (New York: Cambridge University Press, 1981).

[3] John Storey, *Cultural Theory and Popular Culture* (London: Pearson, 2009).

[4] Laikwan Pang, *The Distorting Mirror-Visual Modernity in China* (Honolulu: University of Hawaii Press, 2007).

[5] Samuel Y. Liang, *Mapping Modernity in Shanghai-Space, gender, and visual culture in the sojourners' city, 1853-98* (Oxon: Routledge, 2010).

[6] Wen hsin Yeh, *Becoming Chinese: Passage to Modernity* (Berkeley: University of California Press, 2000).

[7] Wen hsin Yeh, *Wartime Shanghai* (London: Routledge, 1998).

[8] Ellen Johnston Laing, *Selling Happiness: Calendar Posters and Visual Culture in Early Twentieth-Century Shanghai* (Honolulu: University of Hawaii Press, 2004).

学社会科学学报》2008 年第 5 期。

[86] 吴果中:《民国〈良友〉画报封面与女性身体空间的现代性建构》,《湖南师范大学社会科学学报》2009 年第 5 期。

[87] 吴果中:《民国〈良友〉画报影响力要素的综合解析》,《国际新闻界》2007 年 9 月。

[88] 吴文华:《民国职业学校校长状况研究》,《职教论坛》2012 年第 12 期。

[89] 姚玳玫:《早期女性肖像、生活照的私人性与公共性》，转引自孟建主编《图像时代：视觉文化传播的理论诠释》，复旦大学出版社 2005 年版。

[90] 吴晓东:《〈良友〉的世界视野》,《中华读书报》2012 年 12 月 12 日。

[91] 徐国红:《〈良友〉画报：民国时期中国时尚档案的记录者》,《实务》2013 年第 3 期。

[92] 徐沛:《图像与现代性——中国近代画报视觉文化研究（1884—1937）》，四川大学博士学位论文，2008 年。

[93] 杨海军:《三十年中国广告史研究的学术视野与学科平台》,《中国地质大学学报（社会科学版）》2009 年第 4 期。

[94] 叶中强:《近代上海市民文化消费空间的形成及其社会功能》,《上海财经大学学报》2006 年第 4 期。

[95] 亦鸣:《近代上海广告文化》,《上海大学学报》1992 年第 2 期。

[96] 於红梅、潘忠党:《国际大都市的想象与诠释——作为符号的〈良友〉画报及其文本》,《开放时代》2011 年第 2 期。

[97] 余慧娴:《〈良友〉画报女性研究》,《苏州教育学院学报》2014 年第 2 期。

[98] 余璐璐、杨迪:《〈良友〉画报的现代启蒙》,《西江月》2013 年 9 月下旬刊。

[99] 袁家菊:《民国时期社会对女性时尚的认知——以成都为例》,《经济研究导刊》2010 年第 34 期。

[100] 张立勤:《1927—1937 年民营报业经营研究——以〈申报〉〈新闻报〉为考察中心》,复旦大学博士学位论文,2012 年。

[101] 张秋姝:《民国报刊广告面面观》,《档案与建设》2002 年第 8 期。

[102] 张砚青:《〈良友〉画报的体式分析初探》,《吉林省教育学院学报》2014 年第 10 期。

[103] 赵家璧:《〈良友画报〉二十年的坎坷历程》,《新闻与传播研究》1987 年第 1 期。

[104] 赵全军:《都市化理论及其在中国的运用》,《云南社会科学》2005 年第 4 期。

[105] 周石峰:《阶层、性别与空间:民国时期崇洋文化的生成与传播》,《贵州社会科学》2013 年第 10 期。

[106] 周庭梧:《百年掌故:上海电影院的诞生》,政协上海委员会网站。

[107] 朱英:《近代中国广告的产生发展及其影响》,《近代史研究》2000 年第 4 期。

[108] 祝帅:《"广告史"研究在中国——基于史学史视角的一种反思》,《广告大观理论版》2010 年第 2 期。